長春市圖書館 編著

長春市圖書館藏古籍善本圖録

國家圖書館出版社

圖書在版編目（CIP）數據

長春市圖書館藏古籍善本圖録 / 長春市圖書館編著. -- 北京：
國家圖書館出版社, 2018.12
　　ISBN 978-7-5013-6494-7

　　Ⅰ.①長… Ⅱ.①長… Ⅲ.①公共圖書館－古籍－善本－
圖書館目録－長春 Ⅳ.①Z838

中國版本圖書館CIP數據核字(2018)第251551號

書　　名	**長春市圖書館藏古籍善本圖録**	
著　　者	長春市圖書館　編著	
責任編輯	王燕來	
設　　計	愛圖工作室	

出　　版	國家圖書館出版社（100034 北京市西城區文津街7號）	
	（原書目文獻出版社　北京圖書館出版社）	
發　　行	010-66114536　66126153　66151313　66175620	
	66121706（傳真）　66126156（門市部）	
E-mail	nlcpress@nlc.cn（郵購）	
Website	www.nlcpress.com → 投稿中心	
經　　銷	新華書店	
印　　裝	北京中華兒女印刷廠	
版　　次	2018年12月第1版　2018年12月第1次印刷	
開　　本	889×1194（毫米）　1/16	
印　　張	11	

書　　號	ISBN 978-7-5013-6494-7	
定　　價	280.00圓	

前　言

　　2007 年，國務院辦公廳頒發了《關於進一步加强古籍保護工作的意見》（國辦發 2007[6] 號），正式啓動"中華古籍保護計劃"。从 2008 年開始，我館在國家古籍保護中心的指導下，开展了一系列古籍保護工作。

　　近些年，長春市委市政府對此項工作高度重視，給予了人力物力的大力支持，我館積極作爲，完成了对古籍書庫設施設備的更新改造，極大改善了古籍保管保護條件，達到了國家對圖書館古籍特藏書庫的基本要求；完成了普通古籍書目回溯建庫工作；按照《全國古籍普查登记目録》要求，基本完成了館藏 2600 餘部 3.3 萬餘册古籍的普查登記工作；開啓了古籍修復工作，使古籍保護工作有了實質内容。同时積極開展"全國古籍重點保護單位"和《國家珍貴古籍名録》申報工作，經過努力，我館入選第二批"全國古籍重點保護單位"，共有 15 部古籍先後入选第二批、第三批《國家珍貴古籍名録》。

　　古籍普查，對我館而言意義非凡。在古籍版本中我們有了重要發現，收獲了了兩部宋刻本，改寫了館藏没有宋刻本的歷史。

　　第一部是宋刻本《資治通鑑綱目》（存卷四十二）。申報《國家珍貴古籍名録》前，館藏最早的版本一直被誤認爲元刻本《古今歷代十八史略》。在申報的第二批《國家珍貴古籍名録》中，館藏《資治通鑑綱目》被評審專家認定爲宋刻元明遞修本，可以説此部古籍改寫了館藏没有宋刻本的歷史。

　　第二部是宋刻本《大般若波羅蜜多經》。全書六百卷，我館存四卷，即一百七卷、一百二十四卷、四百五十三卷、五百二十二卷（此卷不全），千字文帙號分别爲"盈""辰""出""珠"。值得一提的是，此部古籍一直埋藏在普通古籍中。在普查期間，被工作人員驚喜發現。後又經來我館訪問的全國著名古籍保護專家李致忠先生等專家鑒定，確認宋刻本無疑。此部古籍版本的確認，是本館古籍藏書的又一大亮點，对館藏古籍建設具有重要意義。

　　由於地理和歷史等原因，我館在傳統文化積纍方面尚缺乏一定的厚度，因此，收藏的古籍整體數量有限。但其中確也不乏珍本、善本，且品種也比較豐富。

　　館藏抄本精品中的代表當屬清初抄本《大唐開元禮》，爲清宫"天禄琳琅"

藏書，有"天禄繼鑑""乾隆御覽之寶""天禄琳琅""五福五代堂古稀天子寶""八徵耄念之寶""太上皇帝之寶"印。此書正是當年徐乾學《憺園文集》"恭進經籍疏"所載進呈朝廷十二種書之一，抄寫精美，開本寬大，《天禄後目》卷八贊其"鈔手極宏朗"。

彩繪本中，清乾隆彩色繪本《御製丁觀鵬畫羅漢册神品》，爲清代著名的宮廷畫家丁觀鵬（？－1771）的作品，共收入丁觀鵬所繪畫的羅漢人物作品12幅，曾經乾隆皇帝收藏，有"乾隆御覽之寶""乾隆鑑賞""三希堂精鑑璽"印，繪畫精美，比較珍稀，具有特別重要的歷史、藝術價值。套印本中，明萬曆四十八年（1620）閔齊伋刻朱墨套印本《讀風臆評》、明萬曆四十四年（1616）閔齊伋刻朱墨套印本《春秋左傳》、明萬曆四十八年（1620）閔齊伋刻三色套印本《楚辭》，皆出自明代最著名的套版刻書家閔齊伋之手，所刻之書，用紙考究，版刻精良，成爲明代套印書籍的代表。

活字本中，明活字印本《欒城集》，爲明代活字本中代表作品之一，曾經著名古籍收藏家、文物鑒藏家周叔弢收藏，有"曾在周叔弢處"印。

刻本中，除上述兩部宋刻本外，明萬曆美蔭堂刻本《方氏墨譜》，屬明代版畫之精品，在中國版畫史上占有舉足輕重的地位，曾經清代著名藏書家黃丕烈、張蓉鏡等遞藏，有"蕘圃""曾藏張蓉鏡家""逸園藏書印"等印；明崇禎毛氏汲古閣刻津逮秘書本《法書要録》，爲傳世最早的書論專集，曾經清初詩人和藏書家季振宜收藏，有"毛氏正本""汲古閣""滄葦""季振宜印""御史之章"印；明嘉靖十三年（1534）晉藩虛益堂刻本《初學記》，唐代人編撰的一部類書，曾經清代著名藏書家、金石學家、篆刻家汪啓淑收藏，有"汪印啓淑""訒菴"等印；清康熙四十九年（1710）正誼堂刻本《古文載道編》，由清康熙著名的清官、理學家張伯行選評并刊刻，刊本精良，有"正誼堂藏板"等印；清乾隆三十八年（1773）成德堂刻本《學道編》，此書爲清乾隆翰林院侍講劉亨地的進呈本，未見其他館藏，較珍稀，有"乾隆四十二年五月翰林院侍講劉亨地交出家藏學道編壹部計書壹本""光熙所藏"等印；清康熙四十六年（1707）內府刻本《佩文齋咏物詩選》，爲清內府刻本的代表。

稿本中，清乾隆稿本《楊孝父詩》，爲清代揚州八怪楊法的作品，楊法除書法作品傳世外，个人作品集未見傳世，本書比較珍貴，對於研究楊法及其作品具有重要的文學艺术價值；清道光十六年（1836）泥金稿本《張廷濟詩稿》，爲清代金石学家、书法家張廷濟 (1768—1848) 稿本，收錄張廷濟詩作 12 首，并用泥金撰寫，版面極其精美，具有重要的文學艺术價值。

　　値此我館古籍保護工作開展十年之際，同時爲了增進館際之間的交流，進一步推進古籍保護工作的深度開展，在古籍普查工作的基礎上，編纂此圖錄。經過幾番篩選，除從善本古籍中精選 115 部外，還從普通古籍中精選 35 部，最終收錄 150 部古籍，加以文字説明，并選配 200 幅書影，以圖文并茂的形式直觀地反映古籍的歷史原貌。

　　本書凡分 11 部分，即宋刻本、明刻本、清刻本、活字本、套印本、彩繪本、抄本、稿本、鈐印本、滿漢合璧本、碑帖拓片，每部分先按朝代排序，再按經、史、子、集、叢部分類。每部古籍，一般選圖 1 至 6 幅不等，以正文卷端爲主，或其他能反映本書特徵的書影，如書名葉、序跋等。

　　限於編者的經驗、學識及理解差异，難免會有失誤，懇請業界同仁批評指正！

編者

2018 年 9 月 30 日

凡　例

一、收録範圍

本書收録長春市圖書館所藏 1912 年以前書寫或印刷的、以中國古典裝幀形式存在，具有重要歷史、思想和文化價值的文獻典籍。包括漢文古籍和少數民族文字古籍以及碑帖拓本等文獻，共計 150 部 200 幅。

二、編排次序

本書凡分 11 部分，即宋刻本、明刻本、清刻本、活字本、套印本、彩繪本、抄本、稿本、鈐印本、滿漢合璧本、碑帖拓片，每部分先按朝代，再依經、史、子、集、叢部分類排序。

三、選圖標準

1. 每部古籍，一般選圖 1 至 6 幅不等，以正文卷端爲主，或其他能反映本書特徵的書影，如書名葉、序跋等。

2. 本書書影均采用原件拍攝，不采用複印件。

四、著録原則

1. 著録基本要求爲客觀著録、規範描述。

2. 著録款目包括：題名、卷數、著者、版本、版式、印章、存（缺）卷。

3. 書名、責任者、版本及印章印文均按原書照録，其他著録事項采用標準繁體字。

目　錄

宋刻本

資治通鑑綱目五十九卷 ·· 2
大般若波羅蜜多經六百卷 ·· 3

明刻本

詩傳大全二十卷 ·· 5
春秋四傳三十八卷綱領一卷提要一卷列國東坡圖說一卷春秋
　　二十國年表一卷諸國興廢說一卷 ······································ 6
孟子集註大全十四卷 ·· 7
洪武正韻十六卷 ·· 8
大明正德乙亥重刊改併五音類聚四聲篇十五卷五音集韻十五卷
　　新編篇韻貫珠集八卷附直指玉鑰匙門法一卷 ················ 9
小學書圖口栝纂要二卷 ·· 10
漢隸字源五卷碑目一卷 ·· 11
五雅四十一卷 ·· 12
周書五十卷 ·· 13
漢書評林一百卷 ·· 14
少微通鑑節要五十卷 ·· 15
資治通鑑綱目五十九卷首一卷 ·· 16
資治通鑑目錄三十卷 ·· 17
宋元通鑑一百五十七卷 ·· 18
皇明大政記三十六卷 ·· 19
却掃編三卷 ·· 20
古今歷代十八史畧二卷綱目一卷 ·· 21
石門題跋二卷 ·· 22
容齋題跋二卷 ·· 23
六子書六種 ·· 24
莊子通十卷 ·· 25

莊子翼八卷闕誤一卷附錄一卷……………………………………………………… 26

老子翼三卷………………………………………………………………………… 27

補註釋文黃帝內經素問十二卷…………………………………………………… 28

揚子太玄經十卷說玄一卷………………………………………………………… 29

放翁題跋六卷……………………………………………………………………… 30

法書要錄十卷……………………………………………………………………… 31

泊如齋重修宣和博古圖錄三十卷………………………………………………… 32

方氏墨譜六卷……………………………………………………………………… 33

揚子雲集三卷……………………………………………………………………… 34

嵇中散集十卷……………………………………………………………………… 35

李文公集十八卷…………………………………………………………………… 36

宛陵先生文集六十卷附錄一卷拾遺一卷………………………………………… 37

渭南文集五十卷…………………………………………………………………… 38

陶學士先生文集二十卷事蹟一卷………………………………………………… 39

六臣註文選六十卷………………………………………………………………… 40

諸儒奧論前集二卷後集二卷續集二卷別集二卷………………………………… 41

啓雋類函一百二卷職官攷五卷目錄九卷………………………………………… 42

四六雲蒸八卷……………………………………………………………………… 43

唐會元精選批點唐宋名賢策論文粹八卷………………………………………… 44

風騷旨格一卷……………………………………………………………………… 45

唐宋白孔六帖一百卷……………………………………………………………… 46

初學記三十卷……………………………………………………………………… 47

天中記六十卷……………………………………………………………………… 48

古今萬姓統譜一百四十卷歷代帝王姓系統譜十四卷氏族博攷六卷…………… 49

清刻本

周易十二卷易圖一卷五贊一卷筮儀一卷………………………………………… 51

欽定詩經傳說彙纂二十一卷首二卷詩序二卷…………………………………… 52

四書十九卷………………………………………………………………………… 53

說文解字十五卷…………………………………………………………………… 54

玉篇三十卷………………………………………………………………………… 55

五經文字三卷新加九經字樣一卷………………………………………………… 56

康熙字典四十二卷………………………………………………………………… 57

隸辨八卷 ··· 58

廣韻五卷 ··· 59

詩經叶音辨譌八卷 ·· 60

後漢紀三十卷兩漢紀字句異同考一卷 ·· 61

南史八十卷 ·· 62

明史三百三十二卷目錄四卷 ··· 63

契丹國志二十七卷 ··· 64

八旗通志初集二百五十卷目錄二卷 ··· 65

王儀部先生箋釋三十卷 ·· 66

月令輯要二十四卷圖說一卷 ··· 67

廣輿記二十四卷 ·· 68

西湖志四十八卷 ·· 69

淵鑒齋御纂朱子全書六十六卷 ·· 70

學道編一卷 ·· 71

洗心齋昌言集二卷 ··· 72

醫林指月 ··· 73

傷寒論類方一卷 ·· 74

名醫類案十二卷 ·· 75

畫禪室隨筆四卷 ·· 76

佩文齋書畫譜一百卷 ·· 77

庚子銷夏記八卷 ·· 78

墨池編二十卷 ··· 79

佩文齋廣羣芳譜一百卷目錄二卷 ··· 80

白虎通四卷闕文一卷攷一卷校勘補遺一卷 ······································ 81

分甘餘話十六卷 ·· 82

居易錄三十四卷 ·· 83

李太白文集三十卷 ··· 84

李義山文集十卷 ·· 85

溫飛卿詩集七卷詩別集一卷集外詩一卷 ··· 86

唐陸宣公集二十二卷首一卷 ··· 87

施註蘇詩四十二卷總目二卷續補遺二卷王註正譌一卷東坡先生年譜一卷 ····· 88

石湖居士詩集三十四卷 ·· 89

善卷堂四六十卷 ·· 90

御製詠左傳詩二卷 ··· 91

御製盛京賦 ·· 92

在璞堂吟稿一卷 ……………………………………………………………… 93

西村詩草二集一卷 ……………………………………………………………… 94

二希堂文集十一卷首一卷 ……………………………………………………… 95

問字堂集六卷 …………………………………………………………………… 96

綿津山人詩集二十六卷楓香詞一卷 …………………………………………… 97

樂府詩集一百卷目錄二卷 ……………………………………………………… 98

晚邨先生八家古文精選不分卷 ………………………………………………… 99

佩文齋詠物詩選四百八十六卷 ………………………………………………… 100

御定歷代題畫詩類一百二十卷 ………………………………………………… 101

采菽堂古詩選三十八卷補遺四卷 ……………………………………………… 102

古文約選不分卷 ………………………………………………………………… 103

榕村詩選八卷首一卷 …………………………………………………………… 104

重訂古文雅正十四卷 …………………………………………………………… 105

中晚唐詩叩彈集十二卷續集三卷 ……………………………………………… 106

欽定全唐文一千卷目錄三卷序例一卷 ………………………………………… 107

江左十五子詩選十五卷 ………………………………………………………… 108

國朝三家文鈔三十二卷 ………………………………………………………… 109

古文載道編十八卷 ……………………………………………………………… 110

本朝試賦麗則四卷 ……………………………………………………………… 111

宋詩紀事一百卷 ………………………………………………………………… 112

淵鑑類函四百五十卷目錄四卷 ………………………………………………… 113

子史精華一百六十卷 …………………………………………………………… 114

昭代叢書甲集五十卷乙集四十卷 ……………………………………………… 115

活字本

欒城集五十卷目錄二卷後集二十四卷三集十卷 ……………………………… 117

宋朝事實二十卷末一卷 ………………………………………………………… 118

淨德集三十八卷 ………………………………………………………………… 119

套印本

讀風臆評一卷 …………………………………………………………………… 121

春秋左傳十五卷 ……………………………………………………………………………………122

道德經二卷老子考異一卷 ……………………………………………………………………………123

東坡先生志林五卷 ……………………………………………………………………………………124

世說新語八卷 …………………………………………………………………………………………125

楚辭二卷 ………………………………………………………………………………………………126

柳文七卷 ………………………………………………………………………………………………127

空同詩選一卷 …………………………………………………………………………………………128

欽定同文韻統六卷 ……………………………………………………………………………………129

硃批諭旨不分卷 ………………………………………………………………………………………130

芥子園畫傳五卷 ………………………………………………………………………………………131

御選唐詩三十二卷目錄三卷 …………………………………………………………………………132

古文淵鑒六十四卷 ……………………………………………………………………………………133

御選唐宋文醇五十八卷 ………………………………………………………………………………134

彩繪本

御製丁觀鵬畫羅漢冊神品 ……………………………………………………………………………136

抄本

大清文宗顯皇帝實錄三百五十六卷 …………………………………………………………………138

會試題名錄：道光二年壬午恩科 ……………………………………………………………………139

大唐開元禮一百五十卷 ………………………………………………………………………………140

膳房辦買肉斤雞鴨清冊 ………………………………………………………………………………141

梁巘臨雲麾碑手蹟 ……………………………………………………………………………………142

澹遠堂外集不分卷遺集不分卷 ………………………………………………………………………143

稿本

楊孝父詩一卷附楊孝父集傳 …………………………………………………………………………145

張廷濟詩稿 ……………………………………………………………………………………………146

屈廬文稿 ………………………………………………………………………………………………147

居易居自訂年譜……………………………………………………………148

鈐印本

梁登庸印譜六種………………………………………………………………150
松雪堂印萃不分卷……………………………………………………………151

滿漢合璧本

御製勸善要言…………………………………………………………………153
書經六卷………………………………………………………………………154

碑帖拓片

漢瓦當…………………………………………………………………………156
大唐易州鐵像碑頌……………………………………………………………157
淳化閣帖十卷…………………………………………………………………158
御刻三希堂石渠寶笈法帖……………………………………………………159
欽定天瓶齋法帖………………………………………………………………160
敬勝齋法帖四十卷……………………………………………………………161

宋刻本

長春市圖書館藏古籍善本圖錄

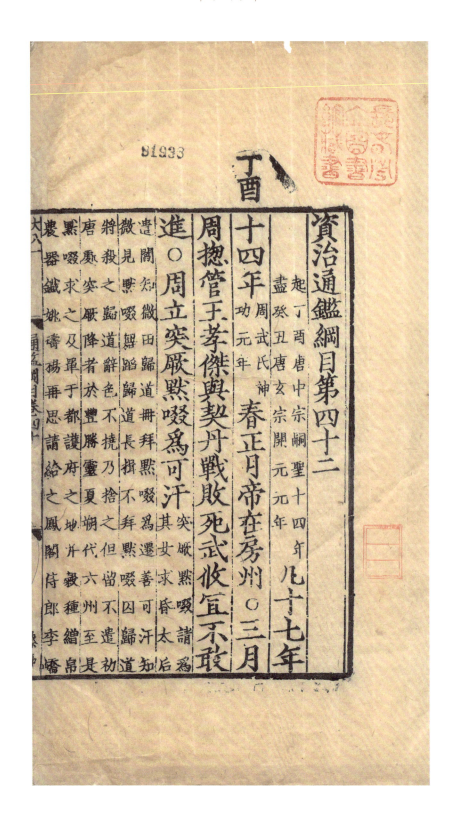

001　資治通鑑綱目五十九卷　（宋）朱熹撰　宋刻元明遞修本

　　框高 21.2 厘米，寬 14.7 厘米。半葉八行，行十七字，小字雙行同，白口，左右雙邊。

存一卷（四十二）。

　　《國家珍貴古籍名録》編號：02802

002　大般若波羅蜜多經六百卷　（唐）釋玄奘譯　宋刻大藏經本

半葉六行，行十七字。卷一百七、四百五十三的卷尾分別印有長方形"李音印造""何文印造"的墨記。有"高元""官上"等刻工名。存四卷（一百七、一百二十四、四百五十三、五百二十二）。

明刻本

長春市圖書館藏古籍善本圖錄

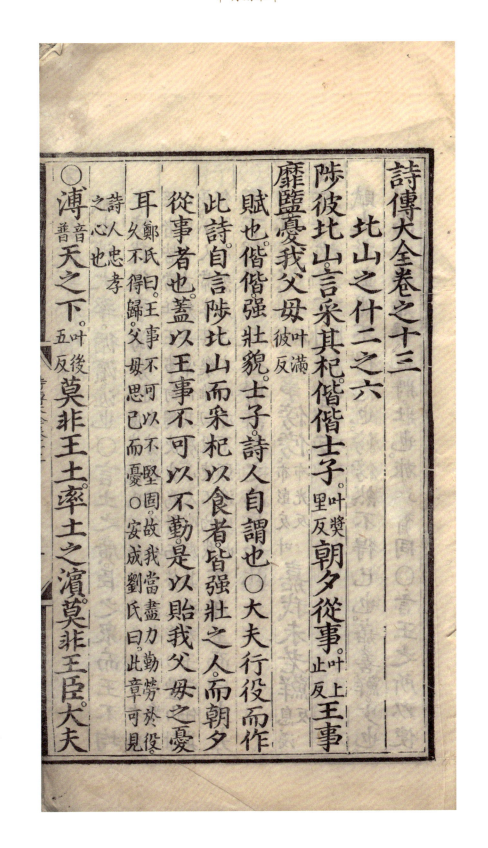

003　詩傳大全二十卷　（明）胡廣等輯　明永樂内府刻本

框高 27.3 厘米，寬 17.7 厘米。半葉十行，行二十二字，黑口，四周雙邊。存三卷（十三至十五）。

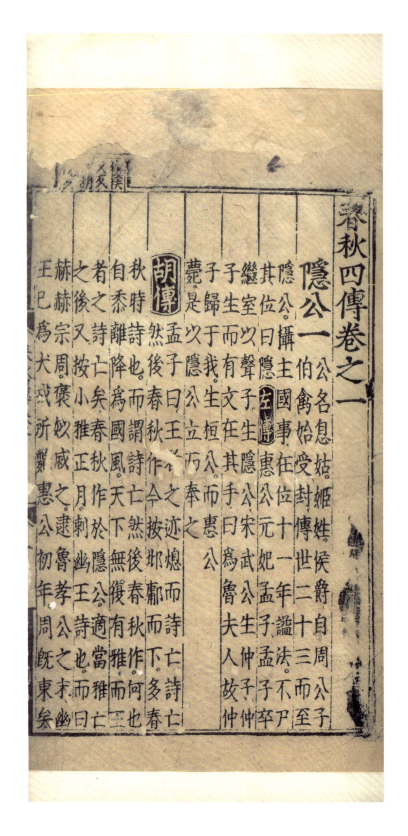

004　春秋四傳三十八卷綱領一卷提要一卷列國東坡圖說一卷春秋二十國年表一卷諸國
興廢說一卷　明嘉靖刻本

　　框高 21 厘米，寬 13.6 厘米。半葉九行，行十七字，小字雙行同，黑口，四周雙邊。

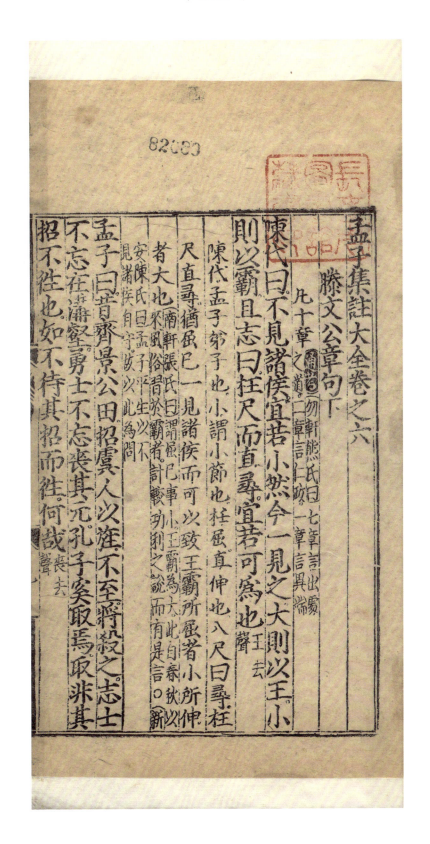

005　孟子集註大全十四卷　（明）胡廣等撰　明刻本

　　框高 19.2 厘米，寬 13.2 厘米。半葉十二行，行二十字，小字雙行二十三字，黑口，四周雙邊。存二卷（六至七）。

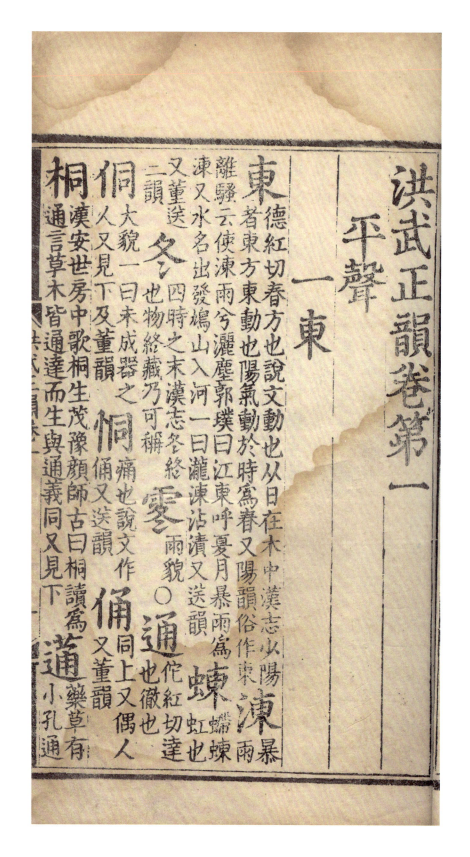

006　洪武正韻十六卷　（明）樂韶鳳等奉敕撰　明初官刻本

框高22.5厘米，寬14.3厘米。半葉八行，行十二字，小字雙行二十四字，黑口，四周雙邊。

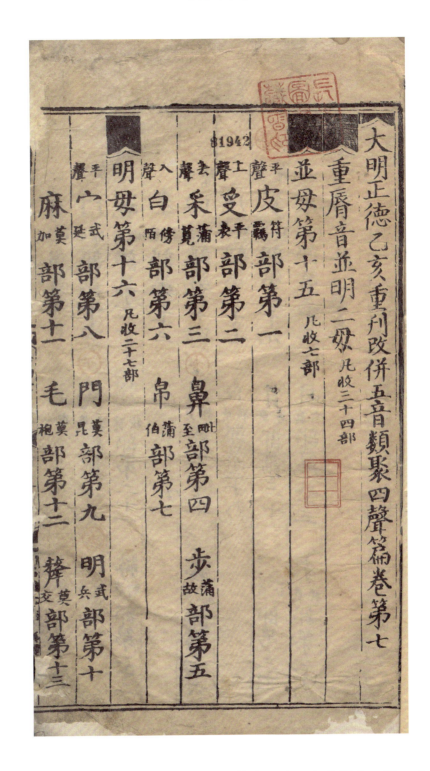

007　大明正德乙亥重刊改併五音類聚四聲篇十五卷五音集韻十五卷　（金）韓道昭撰
新編篇韻貫珠集八卷附直指玉鑰匙門法一卷　（明）釋真空編　明正德刻嘉靖三十八年（1559）
補刻本

　　框高30.3厘米，寬18.7厘米。半葉十行，每行字數不等，上黑口，下白口，四周雙边。
存十八卷（五音類聚四聲篇七至九，五音集韻七至九、十三至十五，貫珠集一至八，玉鑰匙
門法一）。

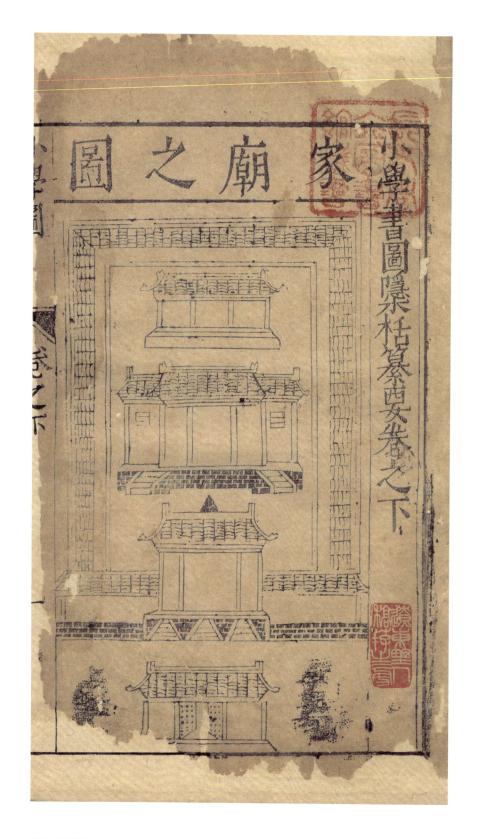

008　小學書圖隱栝纂要二卷　（宋）朱熹編　明萬曆三十七年（1609）刻本
　　框高 21.3 厘米，寬 14.1 厘米。半葉七行，行十七字，白口，左右雙邊。有"遼東野人稿荐之旁"印。

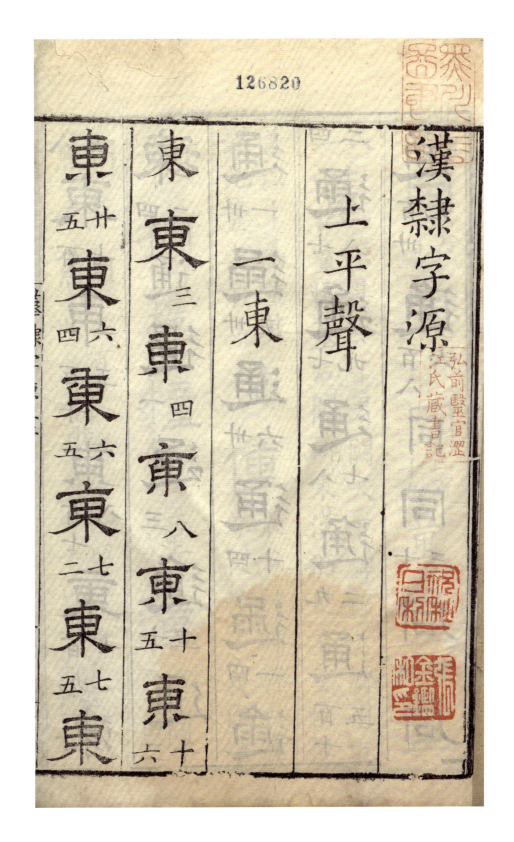

009　漢隸字源五卷碑目一卷　（宋）婁機撰　明汲古閣刻本

　　框高 24 厘米，寬 16.6 厘米。半葉五行，字數不等，白口，左右雙邊。有"弘前蹷官澀江氏藏書記"等印。

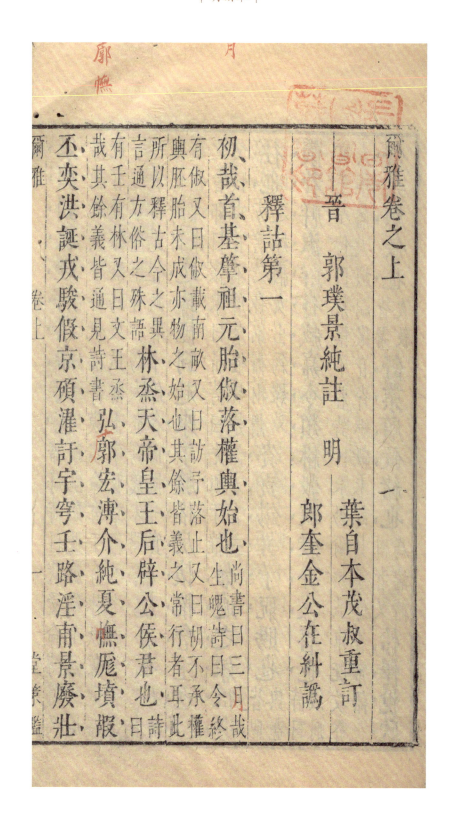

爾雅卷之上　　　　　　　　　　一

晉　郭璞景純註　明

　　　　　　　葉自本茂叔重訂

　　　　　　　郎奎金公在糾譌

釋詁第一

初、哉、首、基、肇、祖、元、胎、俶、落、權、輿、始也、尚書曰三月哉
生明、詩曰令終有俶、又曰訪予落止、又曰胡不承權輿此
詩也生曰胎、物之始也、其餘皆義之常行者耳此
所以釋古今之殊語、
言通方俗之異言、
有壬有林、又曰文王丞也、詩書
哉其餘義皆通見詩書

林、烝、天、帝、皇、王、后、辟、公、侯、君也、詩曰
弘廓宏溥介純夏幠庬墳嘏
丕奕洪誕戎駿假京碩濯訏宇穹壬路淫甫景廢壯

爾雅　　　　　　卷上　　　　　　　　一　　　　　　　　堂藏監

010　五雅四十一卷　　（明）郎奎金輯　明天啓六年（1626）郎氏堂策檻刻本
框高21.2厘米，寬13.7厘米。半葉九行，行二十字，小字雙行同，白口，四周單邊。

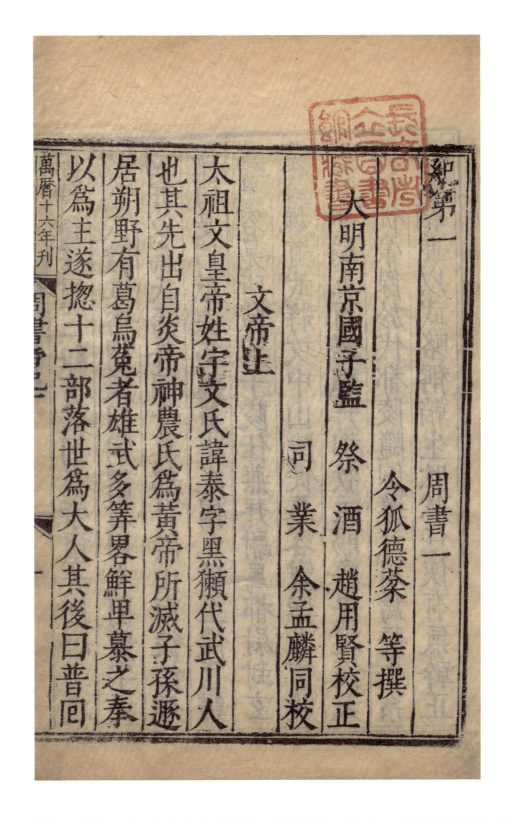

011　周書五十卷　（唐）令狐德棻等撰　明萬曆十六年（1588）南京國子監刻崇禎七年（1634）、清順治十六年（1659）、康熙二十年（1681）遞修本

框高 20.1 厘米，寬 14.9 厘米。半葉九行，行十八字，白口，四周雙邊。存十五卷（一至十五）。

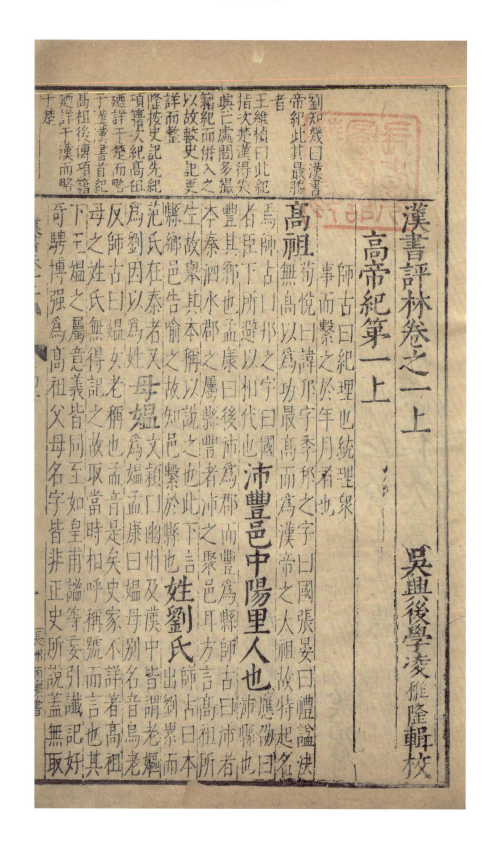

漢書評林卷之一上　　吳興後學凌稚隆輯校

高帝紀第一上

劉知幾曰漢書帝紀此其最勝

師古曰紀理也統理眾事而繫之於年月者也

荀悅曰諱邦字季邦之字曰國晏曰禮諡法洪謀字也應劭曰諱邦字季故特起名

高祖無名高故稱其臣下所避邪以之拒代也師古曰紀者國之本也故稱本紀本稱此下言

高師占邪避之字曰國張晏曰禮諡法洪謀字曰國之太祖故特起名

者烏師占此臣下所避邪以之拒代也本秦泗水郡沛之屬縣豐者沛之聚邑也本秦泗水郡沛之屬縣豐者沛之聚邑耳方言曰高祖所本故知說之也此下言

沛豐邑中陽里人也沛縣者師古曰沛本縣名以漢中陽里所本而言

縣本鄉故繫邑豐鄉邑告知說之也

姓劉氏出劉累而本古帝高祖所

本豐氏在秦以為姓氏無得記之故取當時扣呼稱號不詳而言者高祖

范氏曰劉因以老孟康日媼母別名音烏老

者妻幽州及漢中皆謂老嫗其

母媼為媼音孟康日媼母別名音烏老

母之姓古曰媼女老稱也故繫於縣此下言

反師古曰媼女老稱也

下王媼母之姓古曰媼女老稱也

奇騁博強為高祖父母名字皆非正諡史所說蓋無取好

馬祖後傳項籍王繼植曰此紀帝紀此其最勝

迤詳于漢而略十楚指次楚間多載與亡虞間多載

詳按史記先紀與亡處間多載

隆按史記高祖籍紀而併入之以故敷史記

王繼植曰此紀指次楚間多載

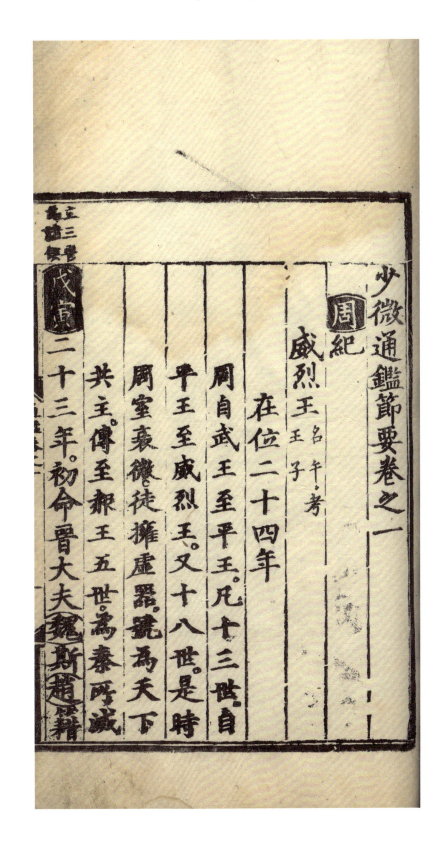

013　少微通鑑節要五十卷　（宋）江贄編　明正德九年（1514）司禮監刻本

框高 21.9 厘米，寬 16.1 厘米。半葉九行，行十五字，黑口，四周雙邊。存三十六卷（一至三十六）。

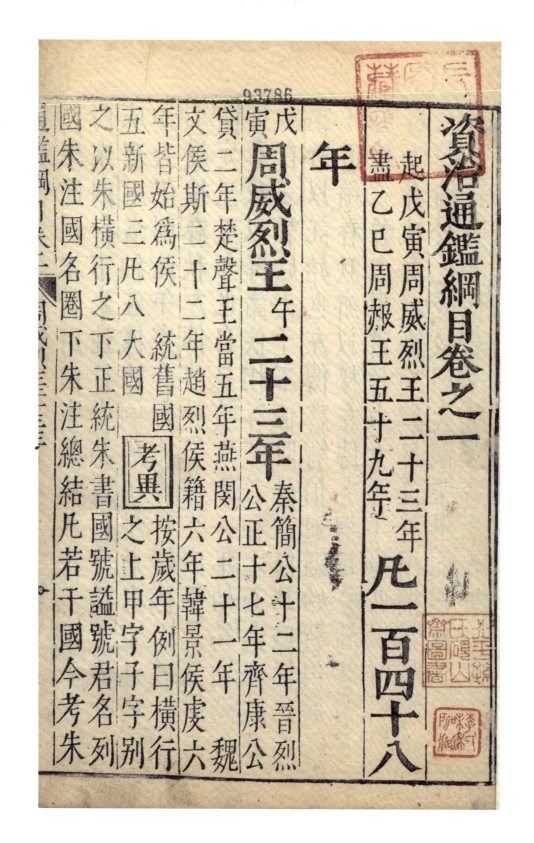

014　資治通鑑綱目五十九卷首一卷　（宋）朱熹撰　明刻本

　　框高21.3厘米，寬15.8厘米。半葉七行，行十八字，小字雙行同，白口，左右雙邊。有"北平孫氏硯山齋圖書"等印。

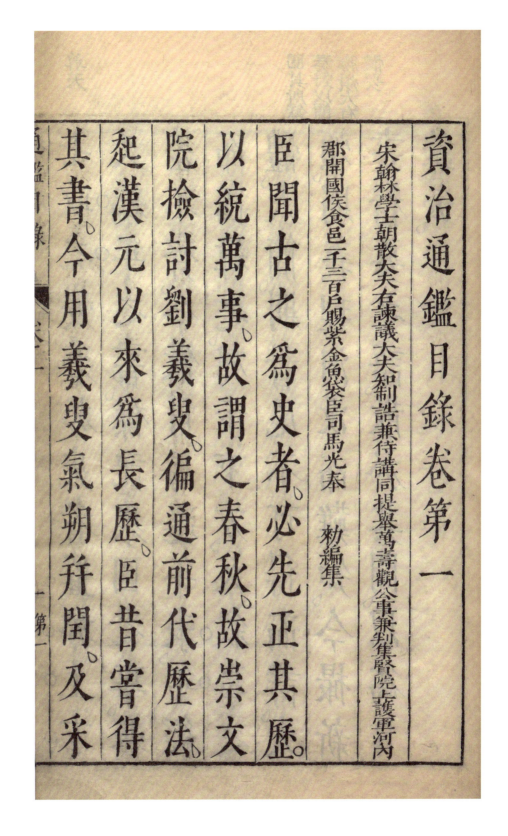

資治通鑑目錄卷第一

宋翰林學士朝散大夫右諫議大夫知制誥兼侍講同提舉萬壽觀公事兼判集賢院上護軍河內

郡開國侯食邑二千三百戶賜紫金魚袋臣司馬光奉　勑編集

臣聞古之爲史者必先正其歷。

以統萬事故謂之春秋。故崇文

院撿討劉義叟徧通前代歷法

起漢元以來爲長歷臣昔嘗得

其書今用義叟氣朔幷閏及采

015　資治通鑑目錄三十卷　（宋）司馬光撰　明崇禎二年（1629）刻本

框高 21.4 厘米，寬 14.8 厘米。半葉八行，每行字數不等，白口，四周單邊。存二十四卷（一至二十四）。

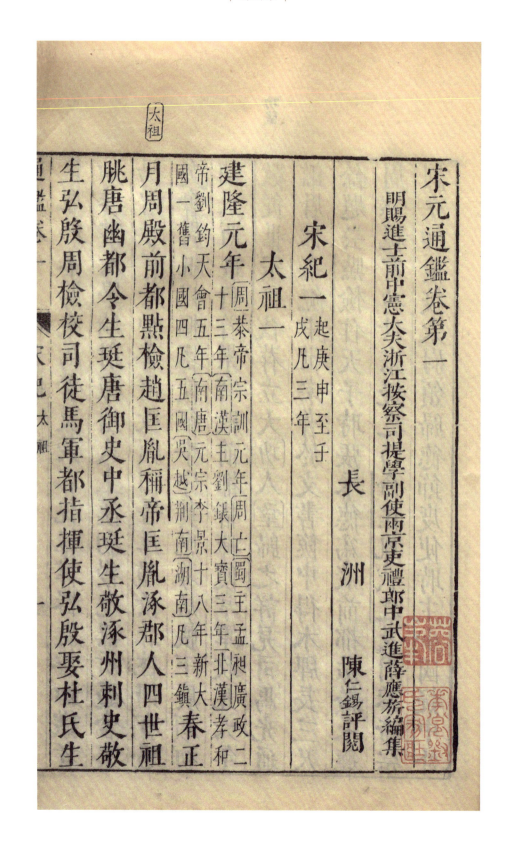

016　宋元通鑑一百五十七卷　（明）薛應旂編集　明天啓六年（1626）刻本

框高 21.5 厘米，寬 14.9 厘米。半葉十行，行二十字，白口，四周單邊。有“花步劉氏家藏”“花步寒碧莊印”“蓉峯”等印。

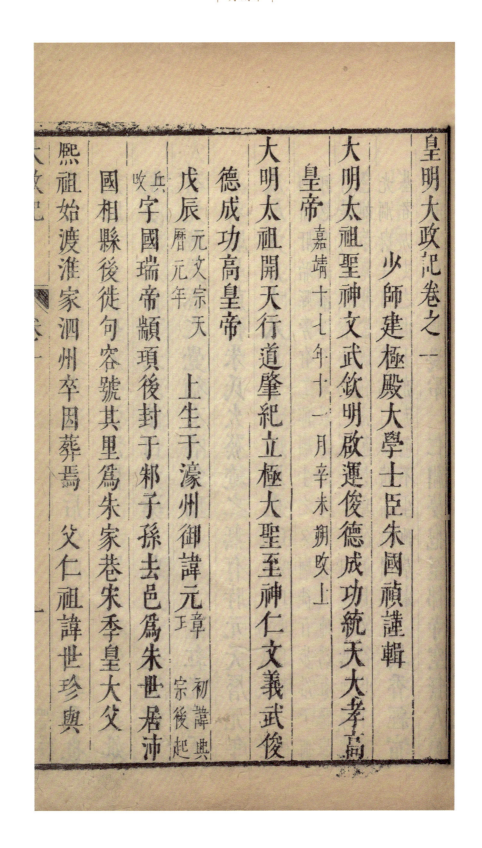

皇明大政記卷之一

少師建極殿大學士臣朱國禎謹輯

大明太祖聖神文武欽明啟運俊德成功統天大孝高

皇帝 嘉靖十七年十一月辛未朔改上

大明太祖開天行道肇紀立極大聖至神仁文義武俊

德成功高皇帝

戊辰 元文宗天 上生于濠州御諱元璋 初諱興典
曆元年 宗後起

兵 字國瑞帝頷項後封于邾子孫去邑爲朱世居沛
改兵

國相縣後徙句容號其里爲朱家巷宋季皇大父

熙祖始渡淮家泗州卒因葬焉 父仁祖諱世珍興

017　皇明大政記三十六卷　（明）朱國禎輯　明崇禎刻皇明史概本
框高 21.5 厘米，寬 14.4 厘米。半葉十行，行二十一字，小字雙行同，白口，左右雙邊。

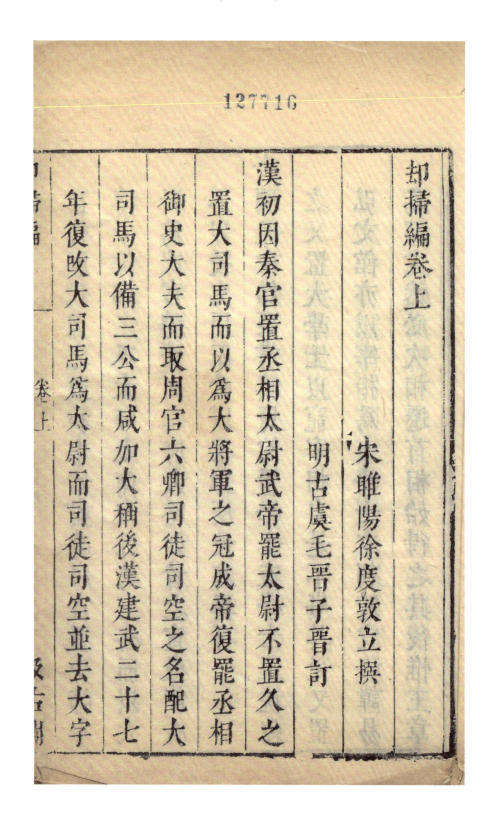

却掃編卷上

宋睢陽徐度敦立撰
明古虞毛晉子晉訂

漢初因秦官置丞相太尉武帝罷太尉不置久之
置大司馬而以為大將軍之冠成帝復罷丞相
御史大夫而取周官六卿司徒司空之名配大
司馬以備三公而咸加大稱後漢建武二十七
年復改大司馬為太尉而司徒司空並去大字

018　却掃編三卷　（宋）徐度撰　（明）毛晉訂　明汲古閣刻本
框高 19.1 厘米，寬 13.6 厘米。半葉八行，行十九字，白口，左右雙邊。

20

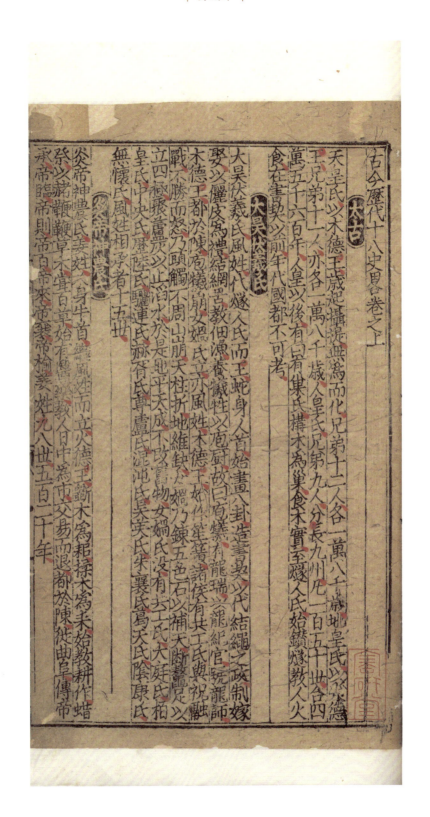

019　古今歷代十八史畧二卷綱目一卷　（元）曾先之編　明初刻本（有補配）

框高 21.6 厘米，寬 13.7 厘米。半葉十八行，行三十二字，黑口，四周雙邊。有"安樂堂印""王維翰""墨林"等印。

《國家珍貴古籍名録》編號：04027

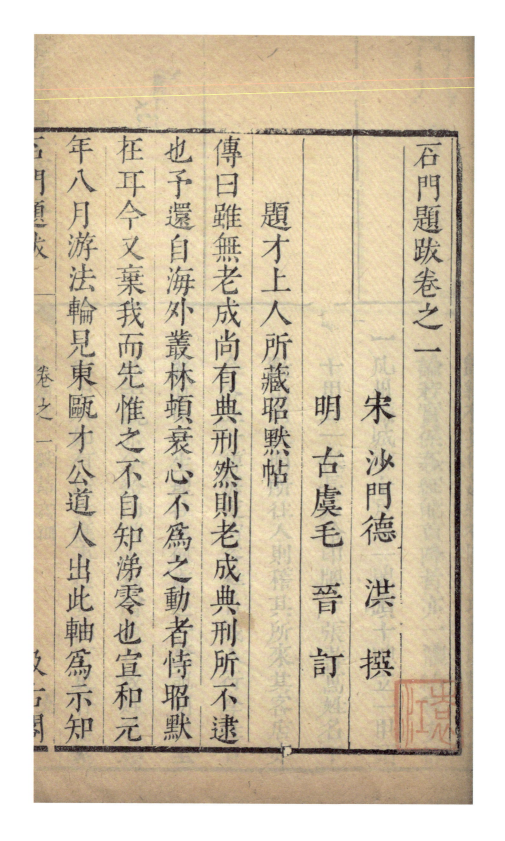

石門題跋卷之一

宋沙門德洪撰

明古虞毛晉訂

題才上人所藏昭默帖

傳曰雖無老成尚有典刑然則老成典刑所不逮
也予還自海外叢林頓衰心不爲之動者恃昭默
在耳今又棄我而先惟之不自知涕零也宣和元
年八月游法輪見東甌才公道人出此軸爲示知

020　石門題跋二卷　（宋）釋德洪撰　（明）毛晉訂　明汲古閣刻本

框高 19.1 厘米，寬 13.5 厘米。半葉八行，行十九字，白口，左右雙邊。有"袁江""曾在陽湖惲氏"印。

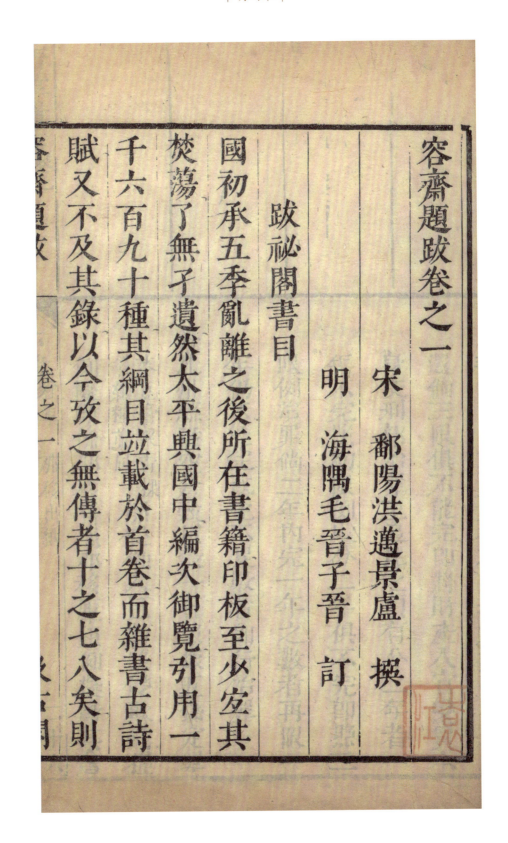

容齋題跋卷之一

宋 鄱陽洪邁景盧 撰

明 海隅毛晉子晉 訂

跋祕閣書目

國初承五季亂離之後所在書籍印板至少盡其校蕩了無子遺然太平興國中編次御覽引用一千六百九十種其綱目並載於首卷而雜書古詩賦又不及其錄以今攷之無傳者十之七八矣則

容齋題跋

卷之一

021　容齋題跋二卷　（宋）洪邁撰　（明）毛晉訂　明汲古閣刻本

　　框高 19.2 厘米，寬 13.5 厘米。半葉八行，行十九字，白口，左右雙邊。有"袁江""曾在陽湖惲氏"印。

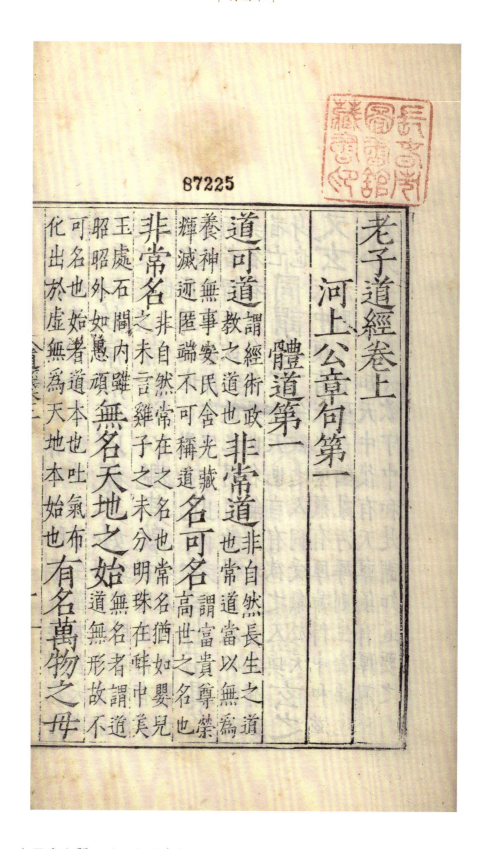

87225

老子道經卷上

河上公章句第一

體道第一

道可道 謂經術政教之道也 非常道 非自然長生之道也常道當以無為
養神無事安民含光藏輝滅迹匿端不可稱道也

名可名 謂富貴尊榮高世之名也 非常名 非自然常在之名也常名當如嬰兒之未言雞子之未分明珠在蚌中美玉處石間內雖昭昭外如頑愚

無名天地之始 無名者謂道道無形故不可名也始者道本也吐氣布化出於虛無為天地本始也

有名萬物之母

022　六子書六種　（明）顧春輯　明刻本

框高 20.1 厘米，寬 14.3 厘米。半葉八行，行十七字，小字雙行同，白口，四周雙邊。有"王秉信字執誠"等印。

24

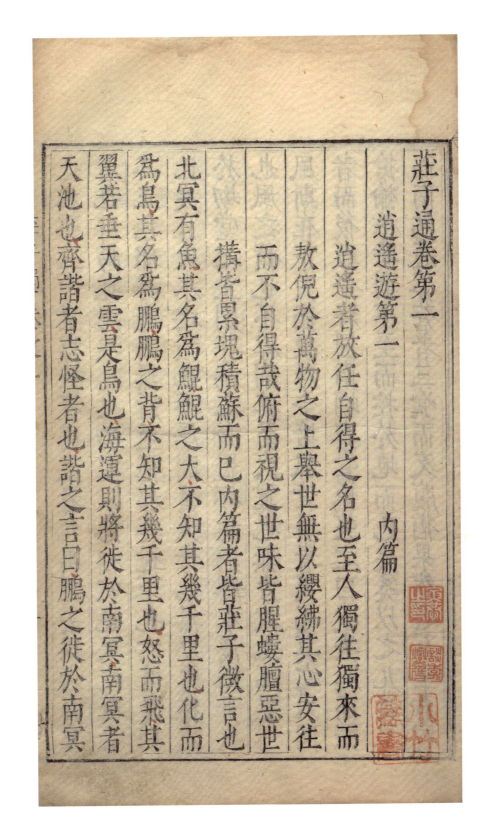

023 莊子通十卷 （明）沈一貫撰 明萬曆十六年（1588）刻本

　　框高 21.5 厘米，寬 14.7 厘米。半葉十行，行二十字，白口，四周雙邊。有"小竹藏書""談寅恭印"等印。存八卷（一至四、七至十）。

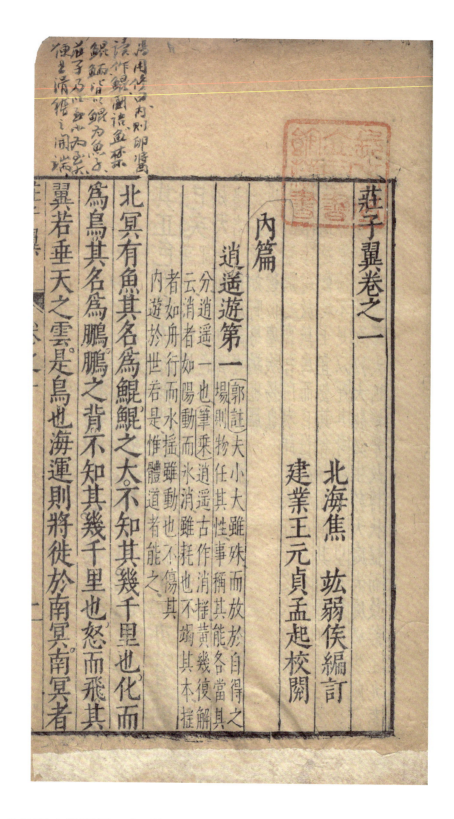

024　莊子翼八卷闕誤一卷附錄一卷　（明）焦竑編訂　（明）王元貞校閱　明萬曆十六年（1588）刻本

框高 20.1 厘米，寬 13.7 厘米。半葉十行，行二十字，白口，左右雙邊。有"如皋李遒龍元德氏"等印。

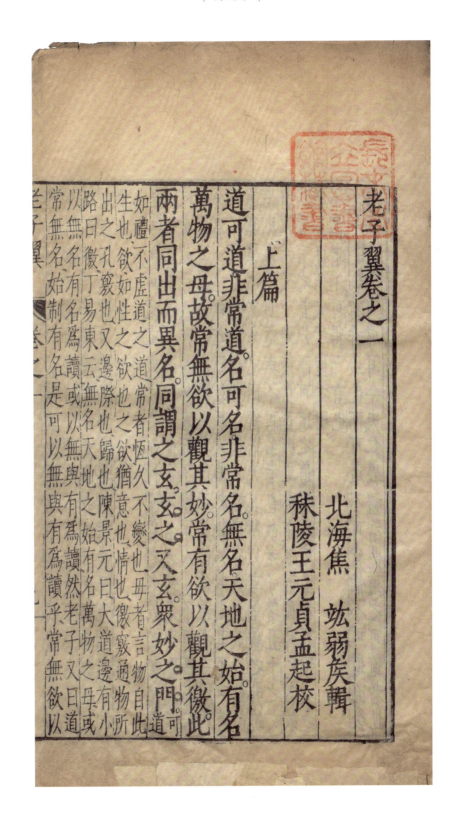

025　老子翼三卷　（明）焦竑輯　（明）王元貞校　明萬曆十六年（1588）刻本

框高 20.6 厘米，寬 13.7 厘米。半葉十行，行二十字，白口，左右雙邊。有"如皋李道龍元德氏"等印。

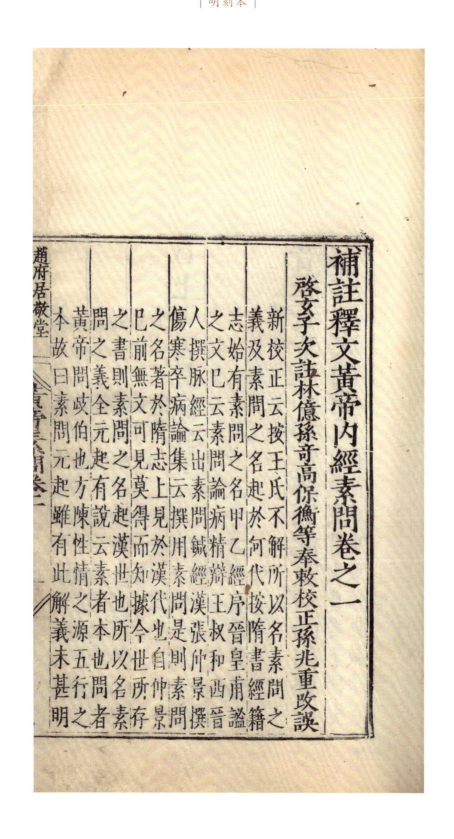

026　補註釋文黃帝内經素問十二卷　（唐）王冰註　明嘉靖趙府居敬堂刻本

框高 19.9 厘米，寬 13.9 厘米。半葉八行，行十七字，小字雙行同，黑口，四周雙邊。
存十卷（一至十）。

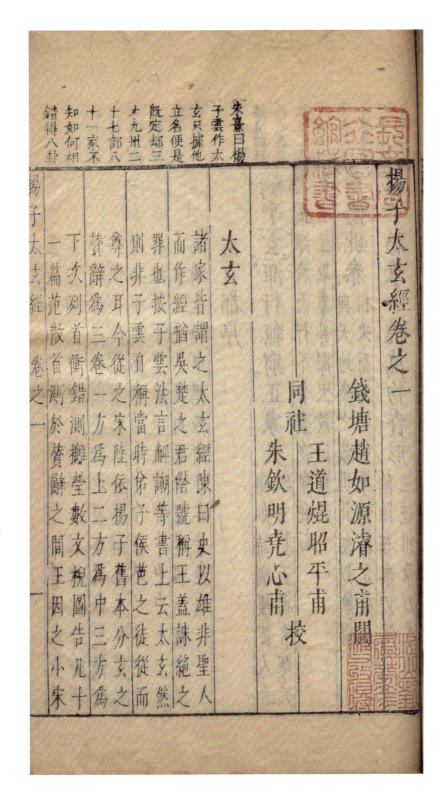

027　揚子太玄經十卷　（漢）揚雄撰　**說玄一卷**　（宋）司馬光述　明天啓六年（1626）
趙氏書坊刻本

　　框高 20.3 厘米，寬 14.3 厘米。半葉九行，行十八字，小字雙行同，白口，四周單邊。
有"江山劉履芬彥清父收得"等印。

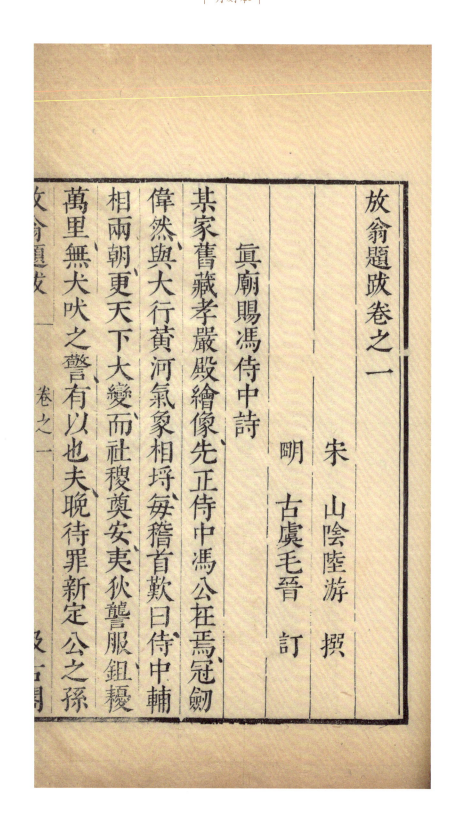

放翁題跋卷之一

宋　山陰陸游　撰

明　古虞毛晉　訂

真廟賜馮侍中詩

　其家舊藏孝嚴殿繪像先正侍中馮公莊焉冠劍

偉然與大行黃河氣象相埒每稽首歎曰侍中輔

相兩朝更天下大變而社稷奠安夷狄讋服鉏耰

萬里無犬吠之警有以也夫晚待罪新定公之孫

028　放翁題跋六卷　（宋）陸游撰　（明）毛晉訂　明汲古閣刻本

框高 19.2 厘米，寬 13.4 厘米。半葉八行，行十九字，白口，左右雙邊。有"石蓮經眼""江夏彭氏賜龍堂圖書"等印。

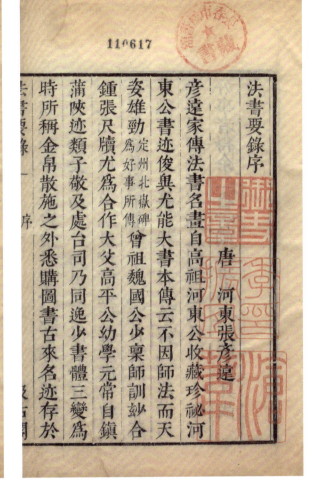

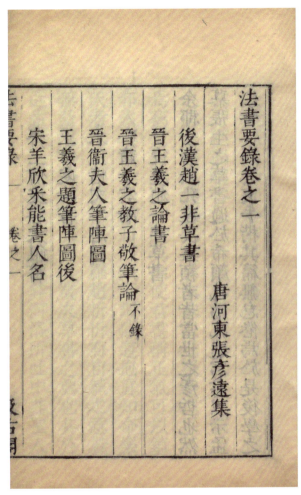

029 法書要錄十卷 （唐）張彥遠集 （明）毛晉校 明崇禎毛氏汲古閣刻津逮秘書本

框高18.9厘米，寬13.6厘米。半葉八行，行十九字，白口，左右雙邊。有"毛氏正本""汲古閣""滄葦""季振宜印""御史之章"印。

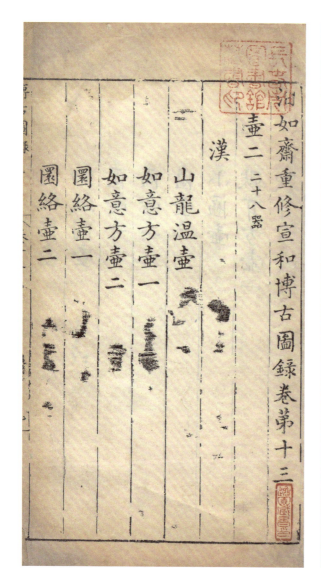

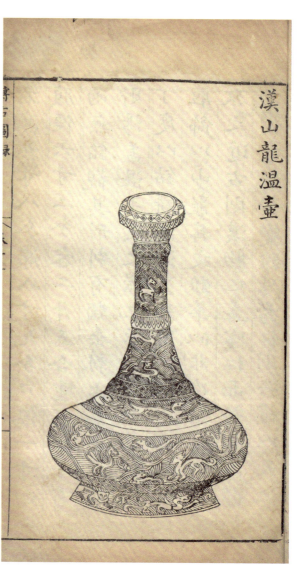

030　泊如齋重修宣和博古圖錄三十卷　（宋）王黼等撰　明萬曆泊如齋刻本

框高24.9厘米，寬15.5厘米。半葉八行，行十七字，白口，四周單邊。有"逸園藏書印"印。存八卷（十三至二十）。

031　方氏墨譜六卷　（明）方于魯撰　明萬曆美蔭堂刻本

　　框高 24 厘米，寬 14.5 厘米。白口，四周單邊。有"蕘圃""曾藏張蓉鏡家""逸園藏書印"等印。

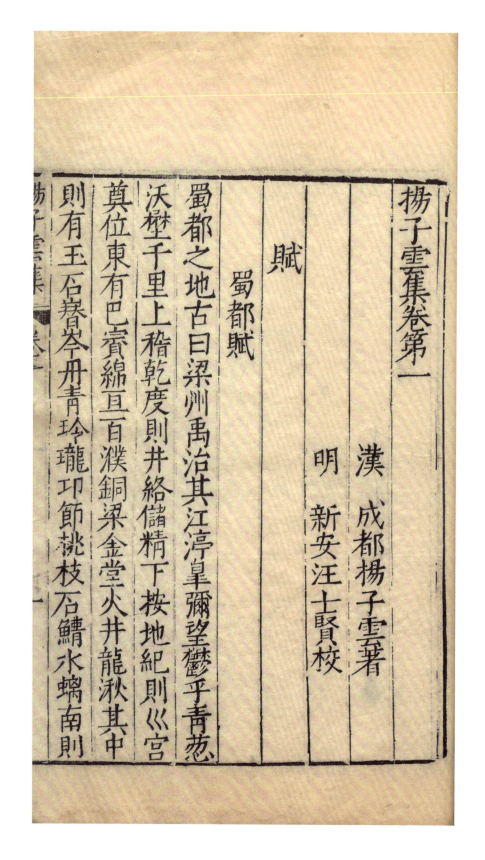

揚子雲集卷第一

　　　　　　　　　　漢　成都揚子雲著

賦　　　　　　　明　新安汪士賢校

蜀都賦

蜀都之地古曰梁州禹治其江淳皇彌望鬱乎青蔥
沃壄千里上稽乾度則井絡儲精下按地紀則㟝宮
奠位東有巴賨綿亘百濮銅梁金堂火井龍湫其中
則有玉石嶜嵓岺岉青玲瓏岬節桃枝石鳣水蝸南則

032　揚子雲集三卷　　（漢）揚雄著　明天啓六年（1626）新安汪氏刻本
框高 21.1 厘米，寬 13.5 厘米。半葉九行，行二十字，白口，左右雙邊。

34

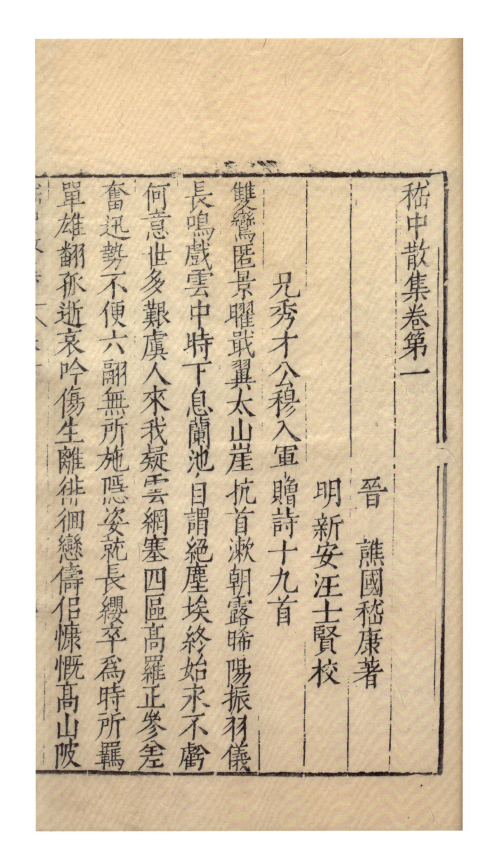

033　嵇中散集十卷　（晋）嵇康著　明新安汪氏刻本

框高 20 厘米，寬 14.1 厘米。半葉九行，行二十字，白口，左右雙邊。

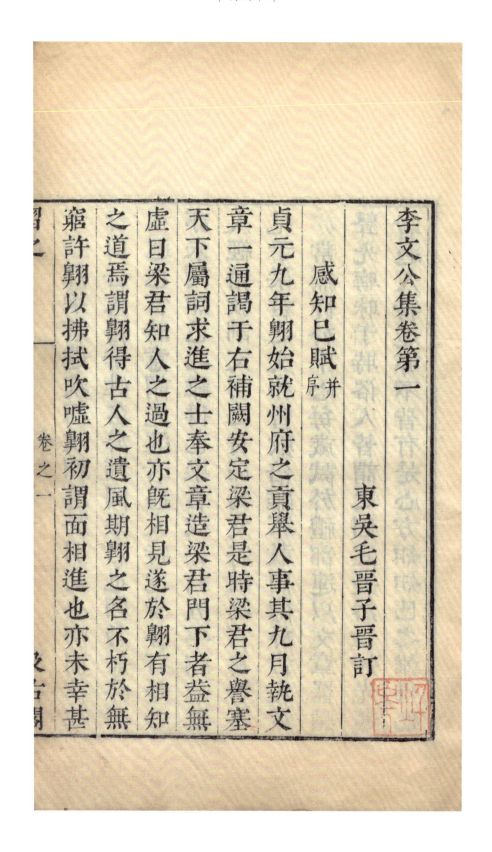

窈許翱以拂拭吹噓翱初謂面相進也亦未幸甚

之道焉謂翱得古人之遺風期翱之名不朽於無

虛曰梁君知人之過也亦旣相見遂於翱有相知

天下屬詞求進之士奉文章造梁君門下者益無

章一逼謁于右補闕安定梁君是時梁君之譽塞

貞元九年翱始就州府之貢舉人事其九月執文

感知巳賦 并序

李文公集卷第一　　　　東吳毛晉子晉訂

034　李文公集十八卷　（唐）李翱撰　（明）毛晉訂　明汲古閣刻本
框高 19.3 厘米，寬 14.1 厘米。半葉九行，行十九字，白口，左右雙邊。

36

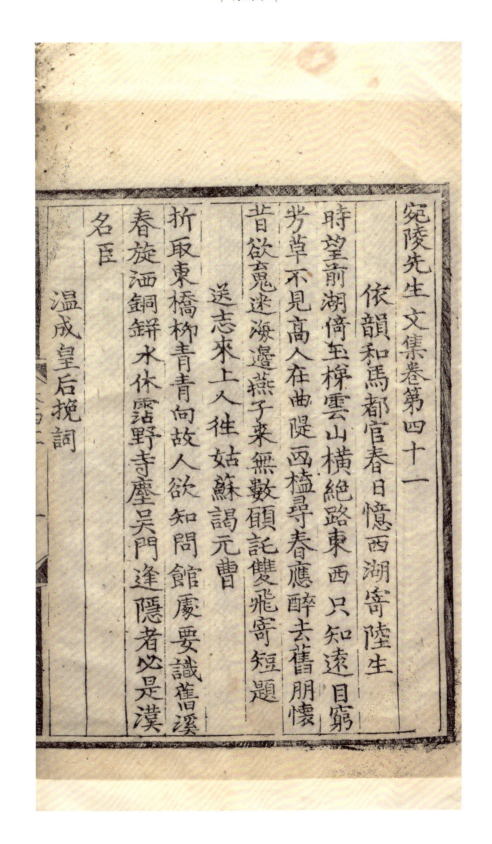

035　宛陵先生文集六十卷附錄一卷拾遺一卷　　（宋）梅堯臣撰　明正統刻本

框高 19.5 厘米，寬 14.5 厘米。半葉十行，行十九字，黑口，四周雙邊。有"萃閱堂所有書籍記"印。缺四十卷（一至四十）。

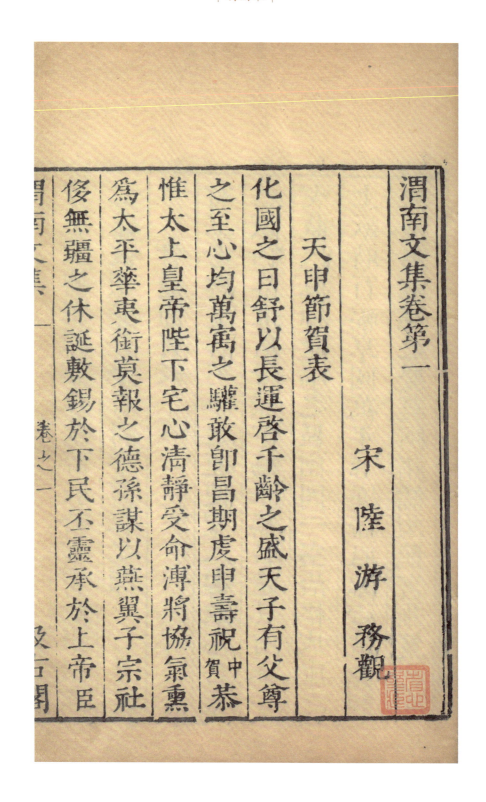

036　渭南文集五十卷　（宋）陸游撰　明汲古閣刻本

　　框高 18.6 厘米，寬 14.5 厘米。半葉八行，行十八字，白口，左右雙邊。有"省心齋藏"印。

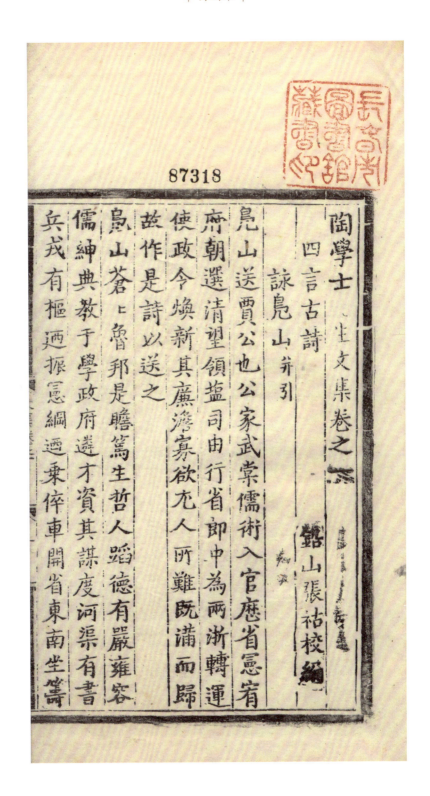

037　陶學士先生文集二十卷事蹟一卷　（明）陶安撰　明弘治十三年（1500）項經刻本（遞修本）

框高 19.4 厘米，寬 12.9 厘米。半葉十行，行十八字，黑口，四周雙邊。有"王秉信字執誠"等印。

《國家珍貴古籍名錄》編號：05826

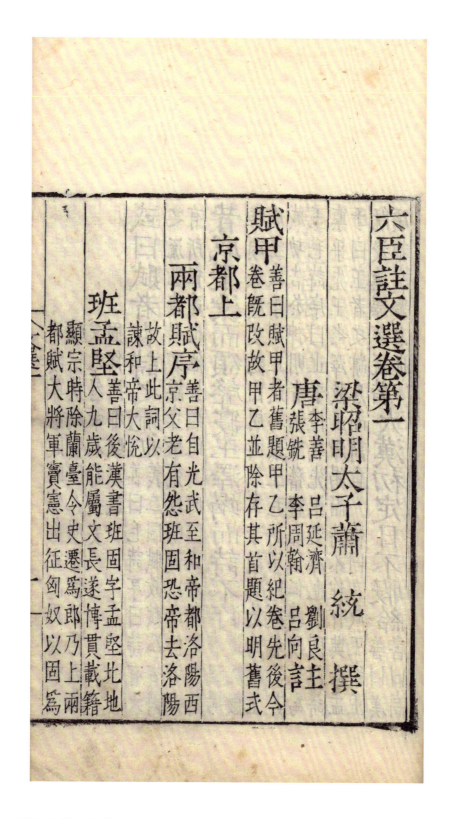

038　六臣註文選六十卷　（南朝梁）蕭統撰　（唐）李善等註　明吳勉學刻本

框高20.5厘米，寬15.2厘米。半葉九行，行十八字，小字雙行同，白口，左右雙邊。有"惲毓鼎印""王秉信字執誠"等印。

《國家珍貴古籍名録》編號：06236

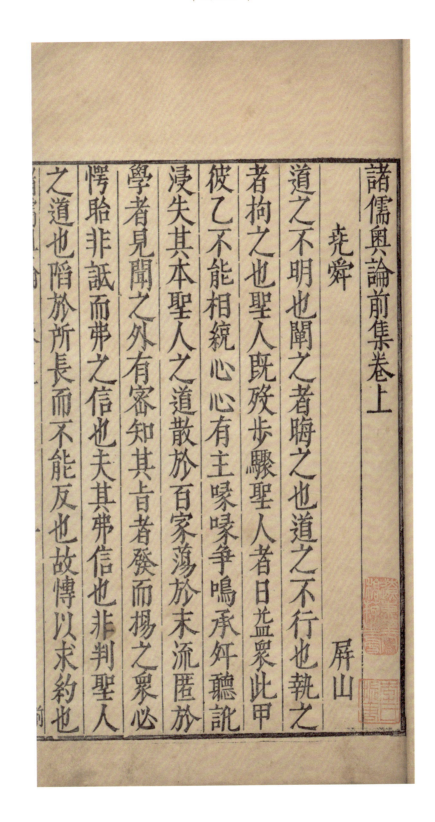

039　諸儒奧論前集二卷後集二卷續集二卷別集二卷　（元）陳□□輯　明萬曆刻本

框高 21.4 厘米，寬 14.1 厘米。半葉九行，行十八字，白口，四周單邊。有"李氏振唐""南
城李氏宜秋館藏"等印。

41

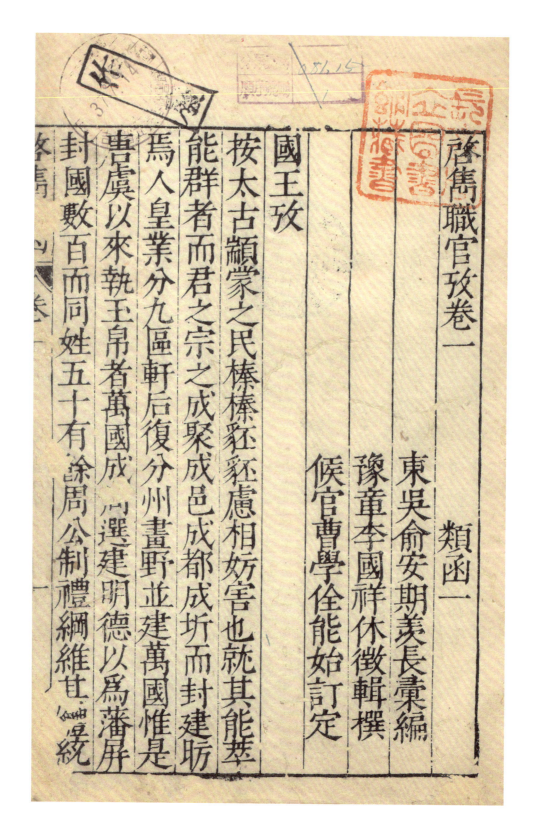

啓雋職官玫卷一　類函一

東吳俞安期羨長彙編
豫章李國祥休徵輯撰
候官曹學佺能始訂定

國王玫

按太古顓蒙之民榛榛狉狉慮相妨害也就其能莘

能群者而君之宗之成聚成邑成都成坼而封建玐

焉人皇業分九區軒后復分州畫野並建萬國惟是

唐虞以來執玉帛者萬國成同選建明德以爲藩屏

封國數百而同姓五十有餘周公制禮綱維甘紳綂

040　啓雋類函一百二卷職官玫五卷目録九卷　（明）俞安期彙編　明萬曆刻本

框高19.1厘米，寬13.7厘米。半葉十行，行二十字，白口，四周單邊。存三十三卷（一至三十、目録一至三）。

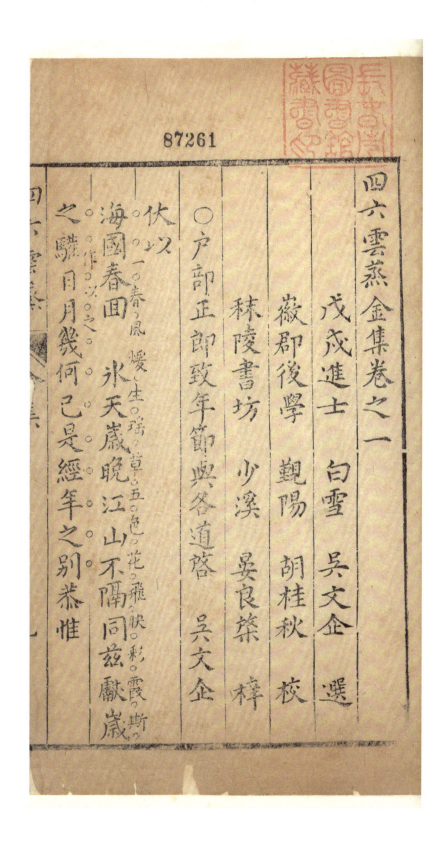

041 四六雲蒸八卷 （明）吴文企選 明萬曆金陵錦繡堂晏少溪刻本

框高 21 厘米，寬 13.9 厘米。半葉八行，行十八字，白口，四周單邊。有"王秉信字執誠"等印。

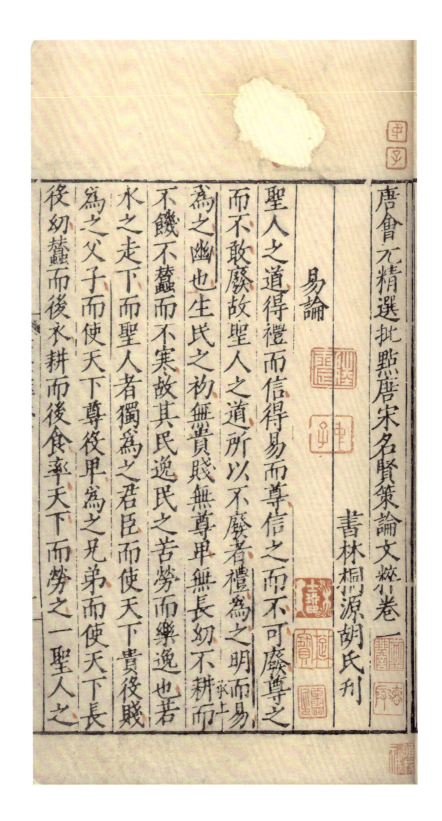

042　唐會元精選批點唐宋名賢策論文粹八卷　（明）唐順之輯并批點　明書林桐源胡氏刻本

框高 19.9 厘米，寬 13.7 厘米。半葉十行，行二十字，白口，左右雙邊。有"合肥張氏竹居珍藏""十珩印""徐燕譽印""陸震"等印。存五卷（一至五）。

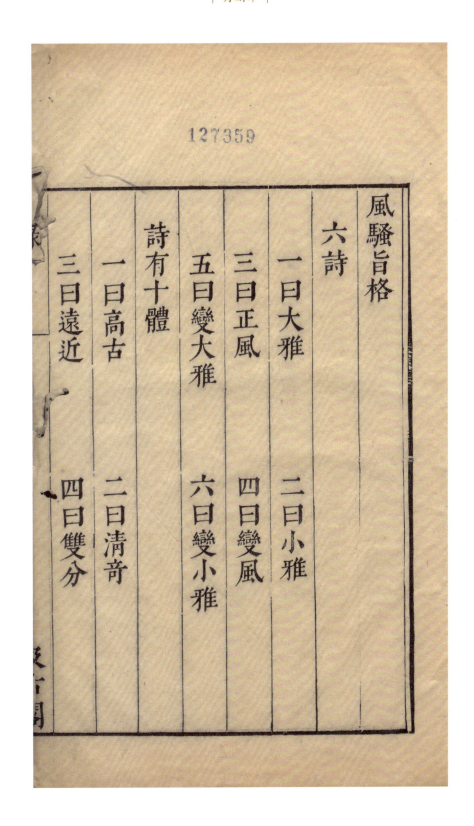

043　風騷旨格一卷　（唐）釋齊已撰　（明）毛晉訂　明汲古閣刻本
框高 19.2 厘米，寬 13.6 厘米。半葉八行，行十九字，白口，左右雙邊。

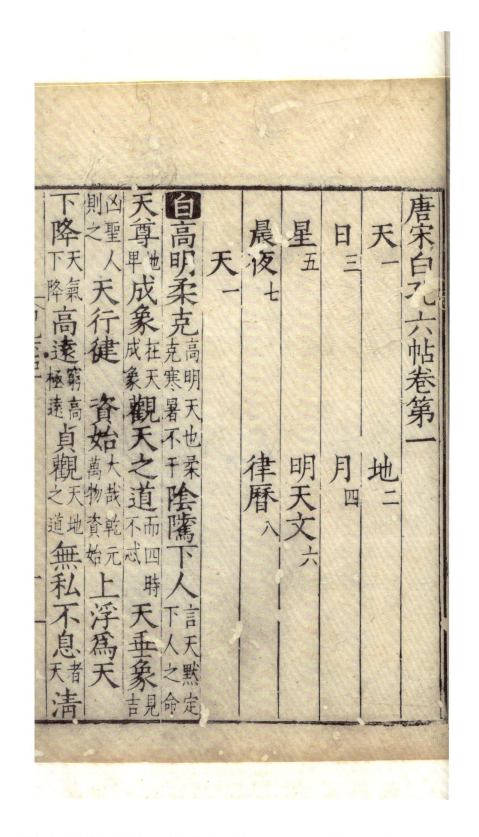

044　唐宋白孔六帖一百卷　（唐）白居易　（宋）孔傳輯　明嘉靖刻本

框高 19.1 厘米，寬 15.2 厘米。半葉十行，行十八字，小字雙行同，白口，左右雙邊。
有"帶經堂陳氏藏書印""王秉信字執誠"等印。

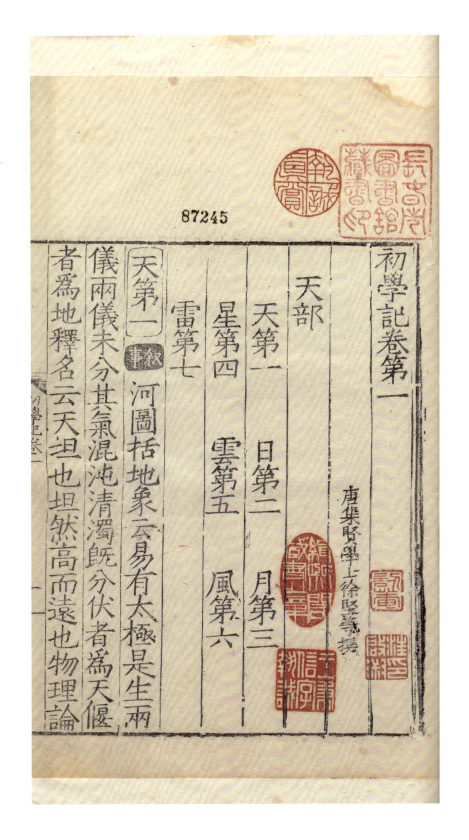

87245

初學記卷第一

唐集賢學士徐堅等撰

天部

天第一
星第四
雷第七

日第二
雲第五

月第三
風第六

天第一

事敘

河圖括地象云易有太極是生兩儀兩儀未分其氣混沌清濁既分伏者爲天偃者爲地釋名云天坦也坦然高而遠也物理論

045　初學記三十卷　（唐）徐堅等撰　明嘉靖十三年（1534）晉藩虛益堂刻本

框高 21 厘米，寬 16.4 厘米。半葉九行，行十八字，小字雙行二十四字，白口，左右雙邊。有"汪印啓淑""訒菴"等印。

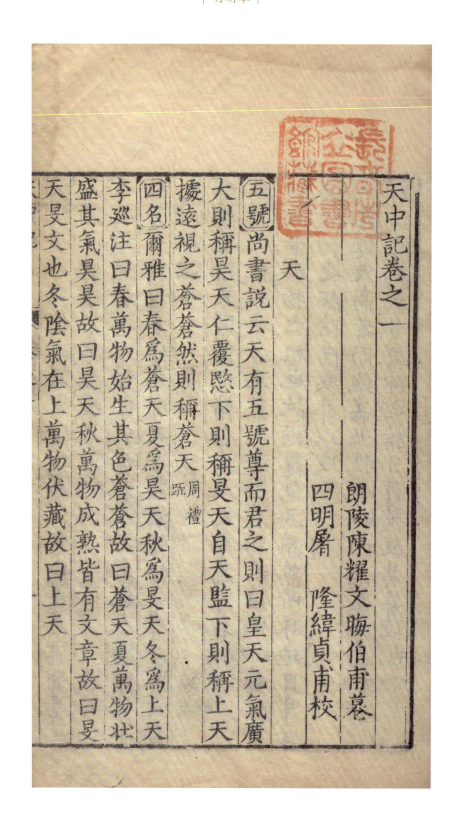

天旻文也冬陰氣在上萬物伏藏故曰上天

盛其氣昊昊故曰昊天

李巡注曰春萬物始生其色蒼蒼故曰蒼天夏萬物狀

熟皆有文章故曰旻

爾雅曰春爲蒼天夏爲昊天秋爲旻天冬爲上天

四名

擾遠視之蒼蒼然則稱蒼天 周禮疏

大則稱昊天仁覆愍下則稱旻天自天監下則稱上天

五號 尚書說云天有五號尊而君之則曰皇天元氣廣

天

四明屠 隆緯貞甫校

朗陵陳耀文晦伯甫纂

天中記卷之一

046　天中記六十卷　（明）陳耀文纂　（明）屠隆校　明萬曆二十三年（1595）刻本

框高 19.3 厘米，寬 13.3 厘米。半葉十一行，行二十一字，白口，左右雙邊。有"慎餘堂藏書印"印。

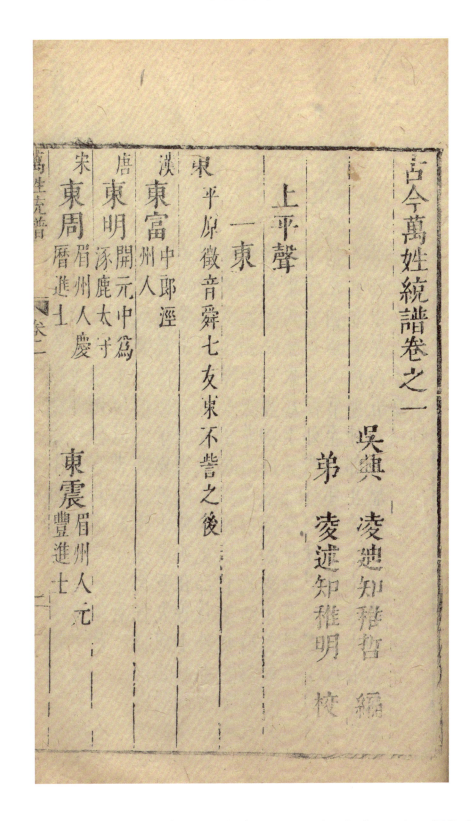

047　古今萬姓統譜一百四十卷　（明）凌迪知編　（明）凌述知校　歷代帝王姓系統譜十四卷　（明）凌迪知輯　（明）吳京校　氏族博攷六卷　（明）凌迪知纂　（明）吳京校　明萬曆刻本

　　框高 20.5 厘米，寬 14 厘米。半葉九行，行二十字，小字雙行同，白口，四周單邊。

大學之書古之大學所以教人之法也蓋
自天降生民則既莫不與之以仁義禮智

清刻本

長春市圖書館藏古籍善本圖錄

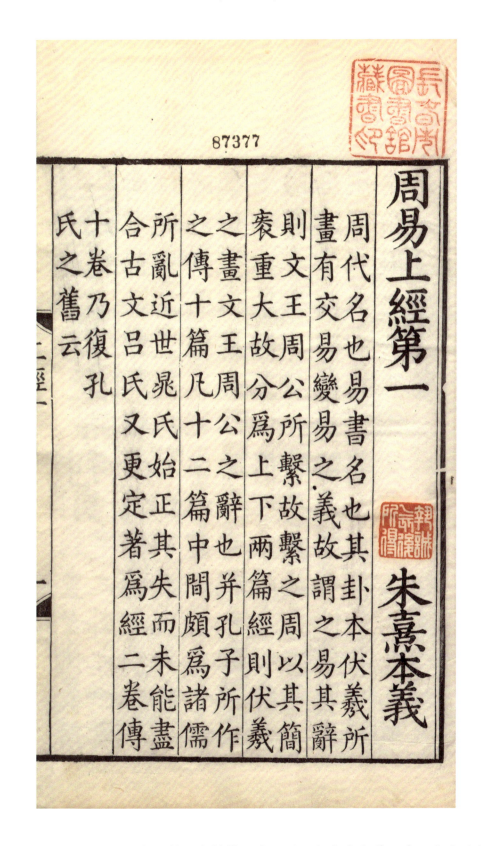

87377

周易上經第一　朱熹本義

周代名也易書名也其卦本伏羲所
畫有交易變易之義故謂之易其辭
則文王周公所繫故繫之周以其簡
褒重大故分爲上下兩篇經則伏羲
之畫文王周公之辭也并孔子所作
之傳十篇凡十二篇中間頗爲諸儒
所亂近世晁氏始正其失而未能盡傳
合古文呂氏又更定著爲經二卷傳
十卷乃復孔
氏之舊云

048　周易十二卷易圖一卷五贊一卷筮儀一卷　（宋）朱熹本義　清初內府刻本

框高 24.3 厘米，寬 16.6 厘米。半葉六行，行十五字，小字雙行同，白口，左右雙邊。
有"王秉信字執誠"等印。

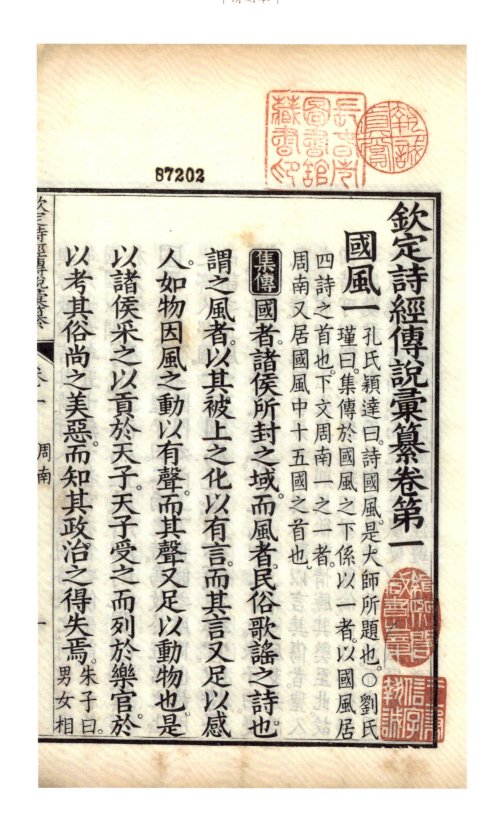

049　欽定詩經傳說彙纂二十一卷首二卷詩序二卷　（清）王鴻緒等撰　清國子監重刻
御纂欽定經書本

　　框高21.7厘米，寬16.1厘米。半葉八行，行十八字，小字雙行二十二字，白口，四周雙邊。
有"執誠乙亥後所得"印。

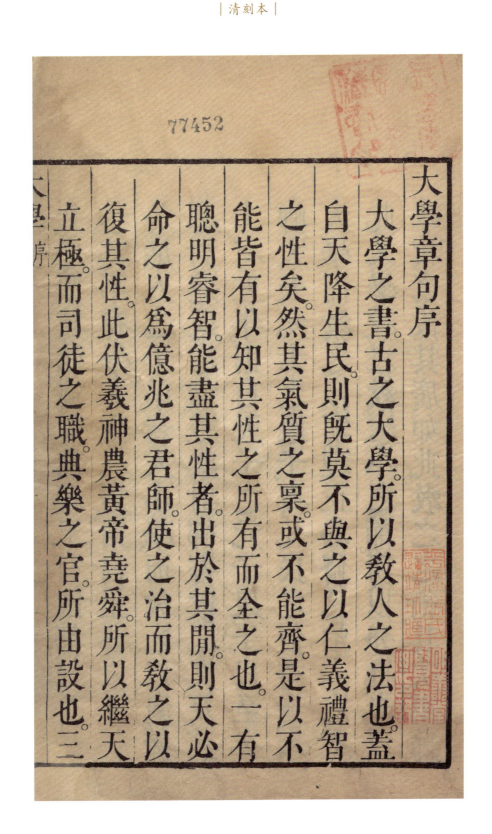

77452

050　四書十九卷　（宋）朱熹撰　清乾隆內府刻本

框高 20.9 厘米，寬 14.6 厘米。半葉九行，行十七字，小字雙行同，白口，四周單邊。有"明善堂賢書畫印記"等印。

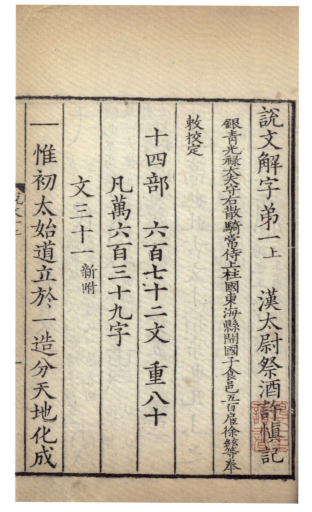

051　說文解字十五卷　（漢）許慎撰　（宋）徐鉉等校　清汲古閣刻本

框高 21 厘米，寬 15.8 厘米。半葉七行，每行字數不等，白口，左右雙邊。有"汲古閣毛氏原板""泗潭周氏藏書""子元一字滋園"等印。

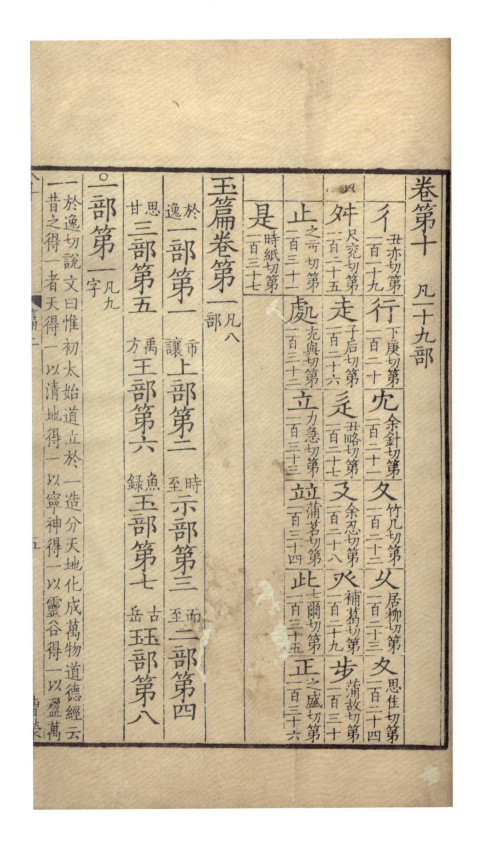

052　玉篇三十卷　（南朝梁）顧野王撰　清康熙四十三年（1704）澤存堂刻本
　　框高 20.6 厘米，寬 15.3 厘米。半葉十行，每行字數不等，白口，左右雙邊。有"遼東野人稿荐之旁"印。

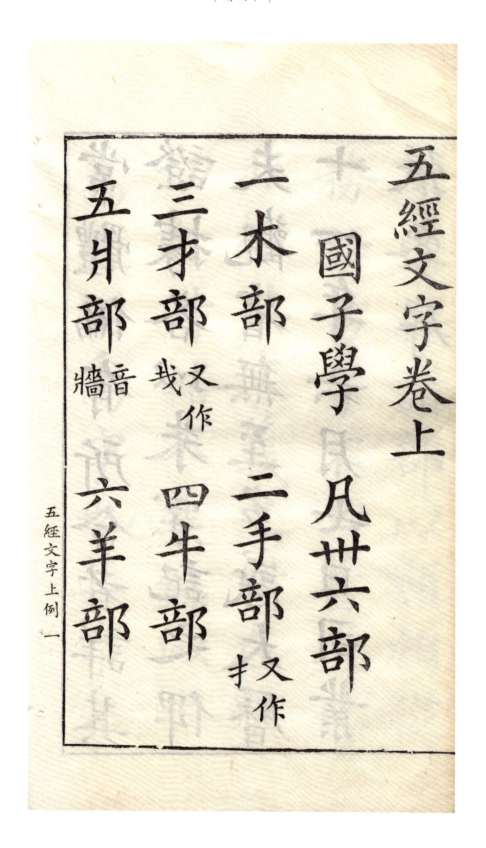

053　五經文字三卷　（唐）張參撰　**新加九經字樣一卷**　（唐）唐玄度撰　清乾隆五年（1740）叢書樓刻本

　　框高 25.1 厘米，寬 14.9 厘米。半葉五行，每行字數不等，白口，四周單邊。

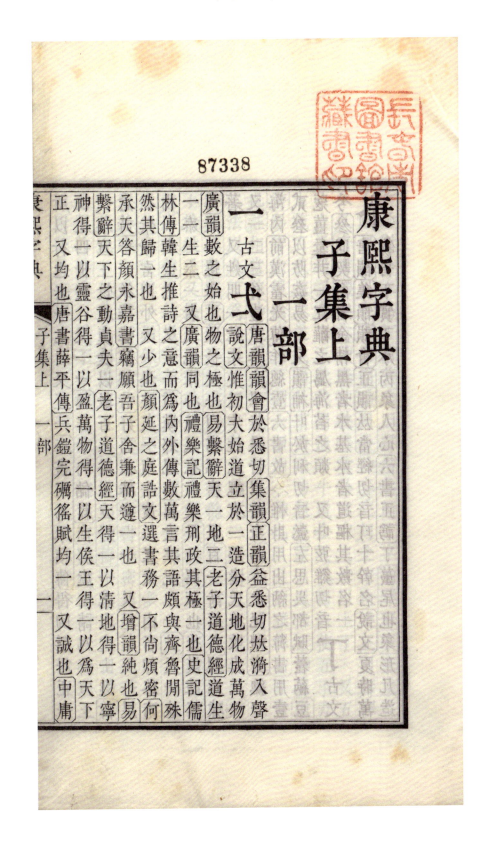

054　康熙字典四十二卷　　（清）張玉書纂修　清康熙五十五年（1716）內府刻本
框高19.8厘米，寬13.9厘米。半葉八行，行十二字，小字雙行二十四字，白口，四周雙邊。

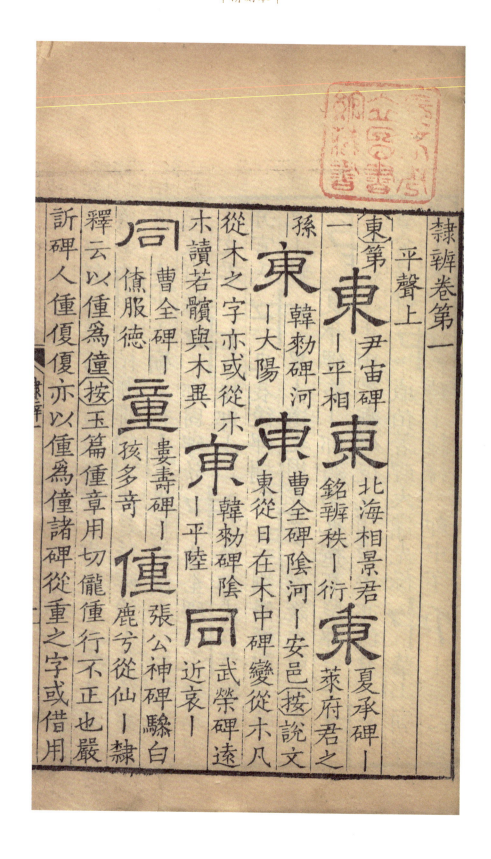

055　隸辨八卷　（清）顧藹吉撰　清乾隆八年（1743）黃晟刻本
框高 19 厘米，寬 14.6 厘米。半葉十二行，行二十字，白口，四周單邊。

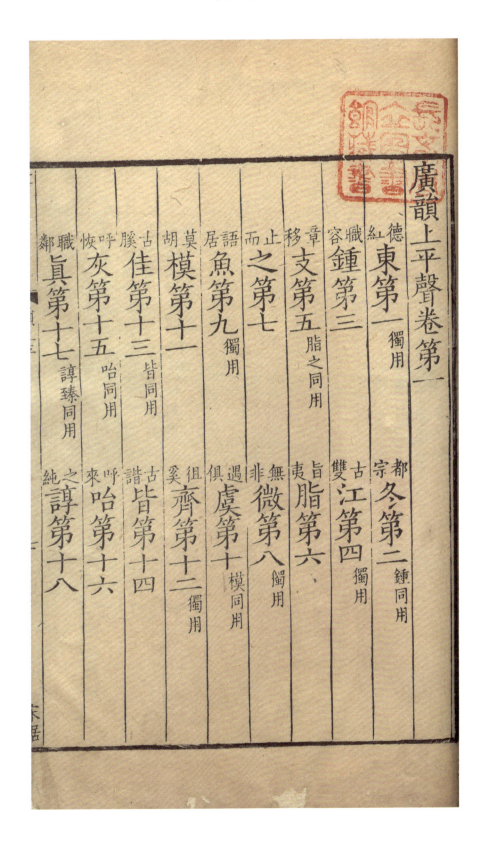

廣韻上平聲卷第一

東第一 獨用　德紅
冬第二 鍾同用　都宗
鍾第三 職容
江第四 獨用　古雙
支第五 脂之同用　章移
脂第六 旨夷
之第七 止而
微第八 獨用　無非
魚第九 獨用　語居
虞第十 模同用　俱
模第十一 胡莫　奚
齊第十二 獨用　祖
佳第十三 皆同用　膎古
皆第十四 古諧
灰第十五 咍同用　呼恢
咍第十六 呼來
真第十七 諄臻同用　職鄰
諄第十八 之純

056　廣韻五卷　（宋）陳彭年等撰　清康熙四十三年（1704）刻本
　　框高21厘米，寬15.5厘米。半葉十行，每行字數不等，白口，左右雙邊。有"遼東野
人稿荐之旁"印。

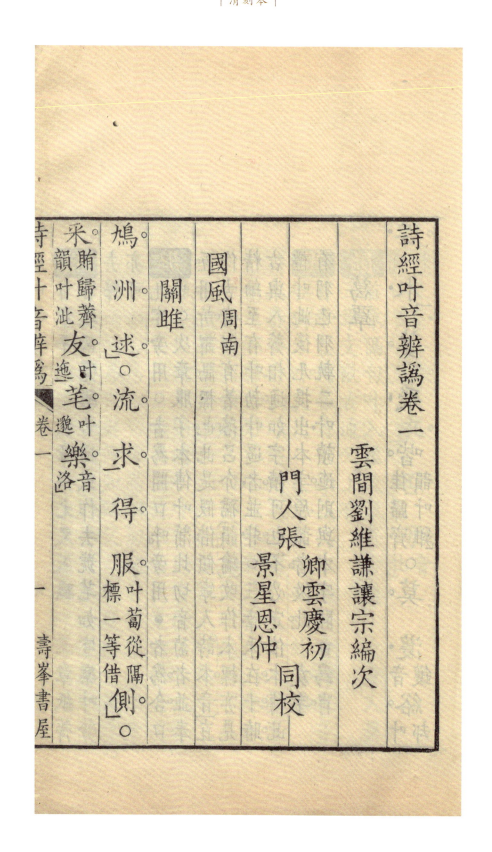

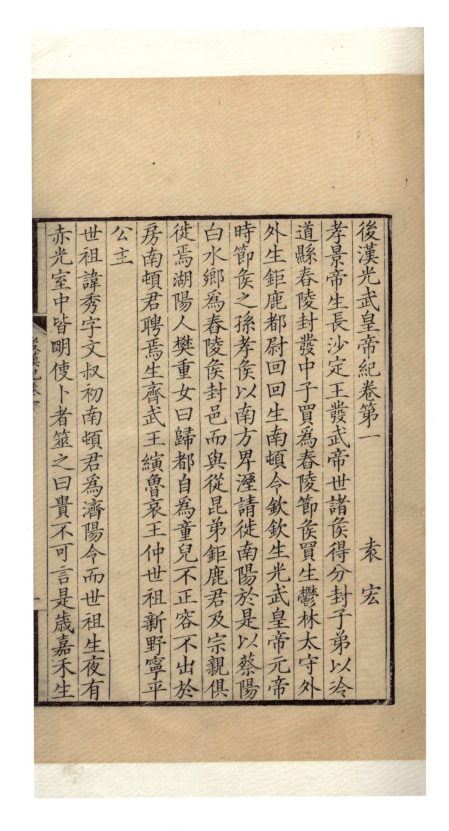

058　後漢紀三十卷　（晋）袁宏撰　兩漢紀字句異同考一卷　（清）蔣國祚撰　清康
熙蔣氏樂三堂刻兩漢紀本
　　框高 18 厘米，寬 14 厘米。半葉十一行，行二十一字，黑口，左右雙邊。

南史卷一

唐　李延壽　撰

宋本紀上第一

宋高祖武皇帝諱裕字德輿小字寄奴彭城縣綏輿里
人姓劉氏漢楚元王交之二十一世孫也彭城楚都故
苗裔家焉晉氏東遷劉氏移居晉陵丹徒之京口里皇
祖靖晉東安太守皇考翹字顯宗郡功曹帝以晉哀帝
興寧元年歲在癸亥三月壬寅夜生神光照室盡明是
夕甘露降于墓樹及長雄傑有大度身長七尺六寸風
骨奇偉不事廉隅小節奉繼母以孝聞嘗游京口竹林

乾隆四年校刊

059　南史八十卷　（唐）李延壽撰　清乾隆四年（1739）武英殿刻本
框高 22.4 厘米，寬 15.3 厘米。半葉十行，行二十一字，白口，左右雙邊。

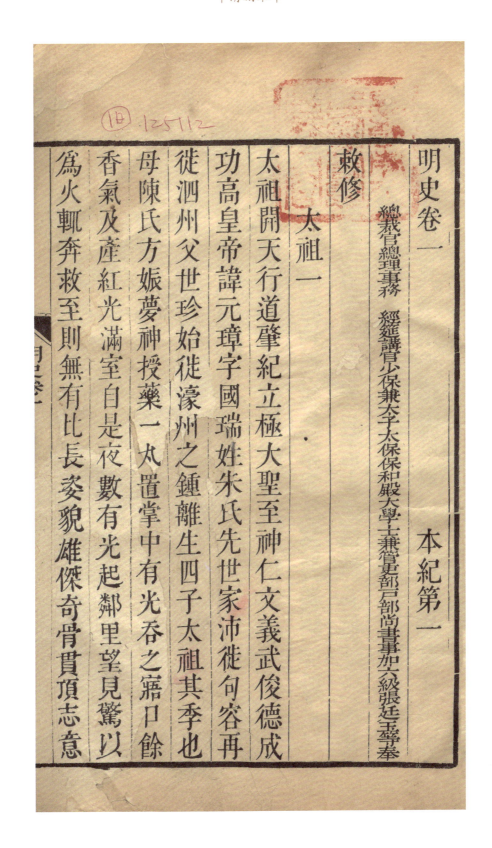

為火輒奔救至則無有比長姿貌雄傑奇骨貫頂志意
香氣及產紅光滿室自是夜數有光起鄰里望見驚以
母陳氏方娠夢神授藥一丸置掌中有光吞之寤口餘
徙泗州父世珍始徙濠州之鍾離生四子太祖其季也
功高皇帝諱元璋字國瑞姓朱氏先世家沛徙句容再
太祖開天行道肇紀立極大聖至神仁文義武俊德成
太祖一
敕修
明史卷一　　　　　　　　　　　　　本紀第一
總裁官總理事務　經筵講官少保兼太子太保保和殿大學士兼管吏部戶部尚書事加六級張廷玉等奉

060　明史三百三十二卷目錄四卷　（清）張廷玉等奉敕撰　清乾隆武英殿刻本
框高 22.6 厘米，寬 15.3 厘米。半葉十行，行二十一字，白口，左右雙邊。

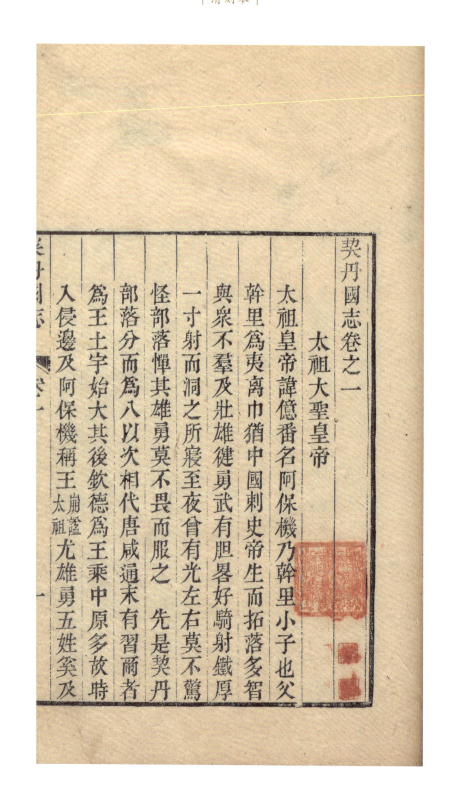

061　契丹國志二十七卷 　（宋）葉隆禮撰　清乾隆五十八年（1793）承恩堂刻本

框高18.1厘米，寬13.6厘米。半葉十行，行二十字，白口，左右雙邊。有"古歡書屋""豐華堂書庫寶藏印"等印。

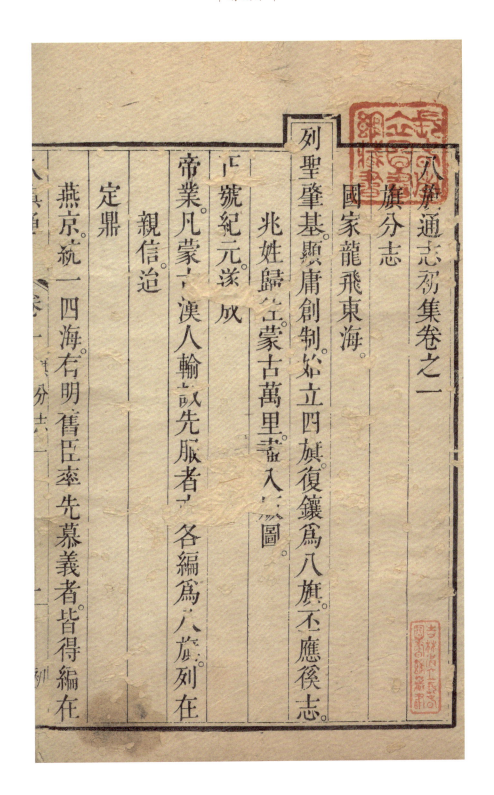

062　八旗通志初集二百五十卷目錄二卷　　（清）鄂爾泰等修　清乾隆四年（1739）武英殿刻本

框高22.8厘米，寬16.8厘米。半葉十行，行二十字，白口，四周雙邊。有"魏毓蘭""馨若"印。存一百八十九卷（一至九、二十六至六十九、八十二至一百二十一、一百五十七至二百五十，目錄一至二）。

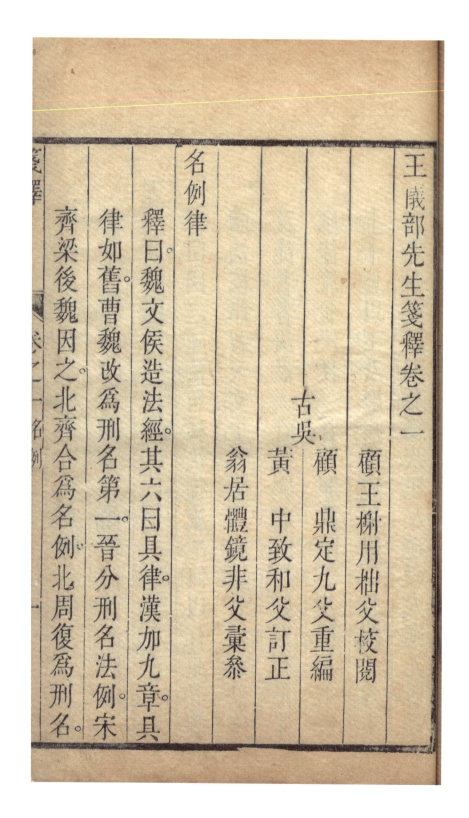

063　王儀部先生箋釋三十卷　（明）王肯堂箋釋　（清）顧鼎重編　清康熙三十年(1691)
刻本

　　框高20厘米，寬13.5厘米。半葉九行，行二十字，白口，四周單邊。有"遼東野人稿
荐之旁"等印。

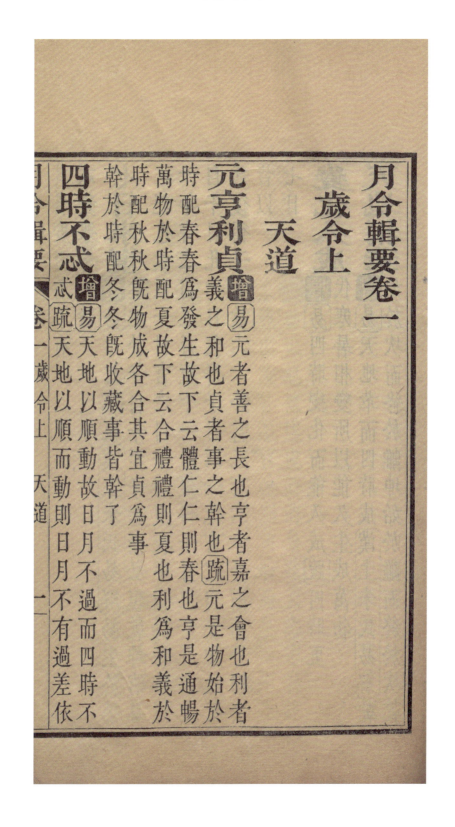

064　月令輯要二十四卷圖説一卷　（清）李光地等撰　清康熙五十五年（1716）武英殿刻本

框高 18.8 厘米，寬 12.5 厘米。半葉七行，行二十字，小字雙行同，白口，四周雙邊。

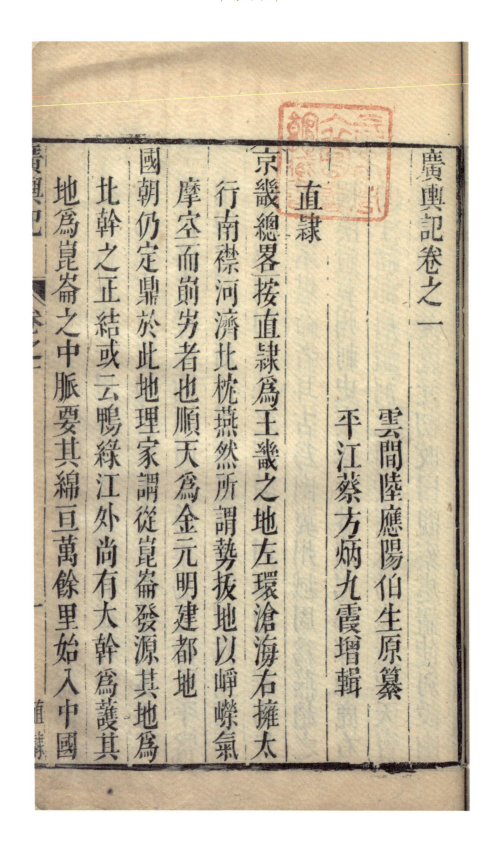

廣興記卷之一

雲間陸應陽伯生原纂

平江蔡方炳九霞增輯

直隸

京畿總畧按直隸爲王畿之地左環滄海右擁太
行南襟河濟北枕燕然所謂勢扳地以岣嵝氣
摩空而巀嶪者也順天爲金元明建都地
國朝仍定鼎於此地理家謂從崑崙發源其地爲
北幹之正結或云鴨綠江外尚有大幹爲護其
地爲崑崙之中脈要其綿亘萬餘里始入中國

065 廣興記二十四卷 （清）陸應陽原纂 （清）蔡方炳增輯 清康熙五十六年（1717）
聚錦堂刻本

框高 21.5 厘米，寬 15.2 厘米。半葉十行，行十九字，小字雙行同，白口，四周單邊。

西湖志卷之一

水利一

西湖源出武林泉滙南北諸山之水而注於上下

兩塘之河其流甚長其利斯溥唐宋以來屢經濬

治而興廢不常

盛朝特重水利首及東南疏鑿之功爲前古未有恭紀

聖恩垂利萬世而歷代開濬始末悉詳著於篇志水利

西湖古稱明聖湖漢時有金牛見湖人言明聖之瑞

因名又以其在錢塘故稱錢塘湖又以其瀕委於

066　西湖志四十八卷　（清）李衛等纂　清雍正刻本

框高 19.7 厘米，寬 14.4 厘米。半葉九行，行二十一字，小字雙行同，黑口，四周雙邊。

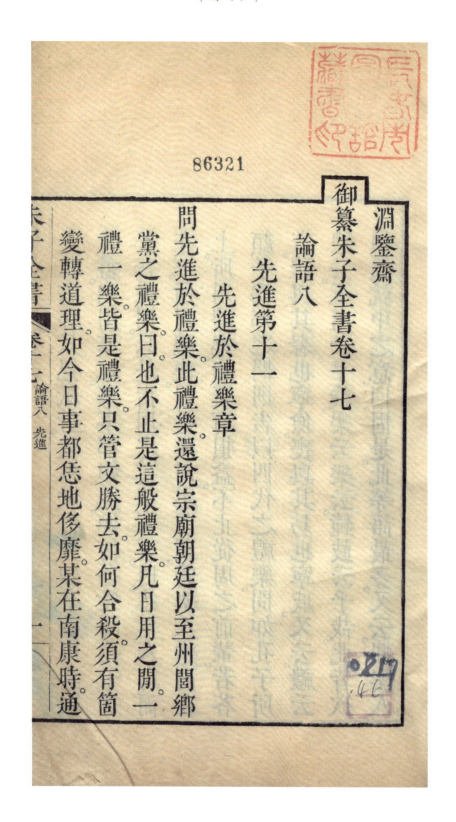

86321

067　淵鑒齋御纂朱子全書六十六卷　　（清）李光地等纂　清康熙五十三年（1714）武英殿刻本

　　框高19厘米，寬13.8厘米。半葉九行，行二十字，白口，四周單邊。存三十七卷（十七至十九、二十六至二十九、三十三至五十三、五十八至六十八）。

068　學道編一卷　（清）黃琇著　清乾隆三十八年（1773）成德堂刻本

框高 21.9 厘米，寬 15.4 厘米。半葉八行，行二十字，白口，四周雙邊。有"乾隆四十二年五月翰林院侍講劉亨地交出家藏學道編壹部　計書壹本""光熙所藏"等印。

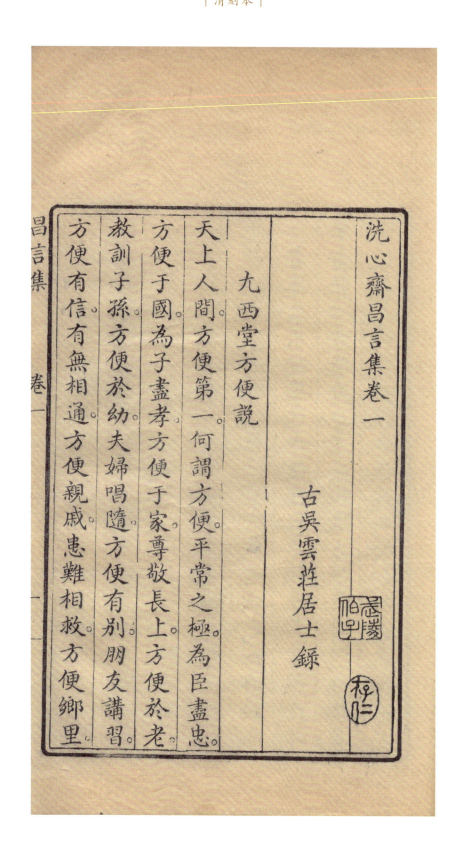

069　洗心齋昌言集二卷　（清）顧存仁錄　清乾隆五十八年（1793）刻本

框高 17.7 厘米，寬 11.7 厘米。半葉八行、行二十字，白口，四周雙邊。

72

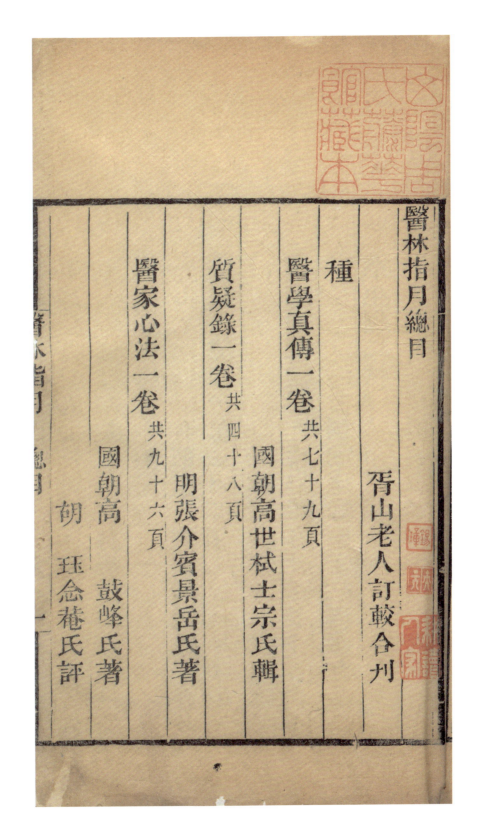

醫林指月總目

　種

　　晉山老人訂較合刊

醫學真傳一卷 共七十九頁　國朝高世栻士宗氏輯

質疑錄一卷 共四十八頁　明張介賓景岳氏著

醫家心法一卷 共九十六頁　國朝高鼓峰氏著　胡珏念菴氏評

070　醫林指月　（清）王琦輯　清乾隆三十二年（1767）刻本

框高 17.5 厘米，寬 13.5 厘米。半葉十行，行二十字，黑口，左右雙邊。有"山陰周氏藤華館藏本"等印。

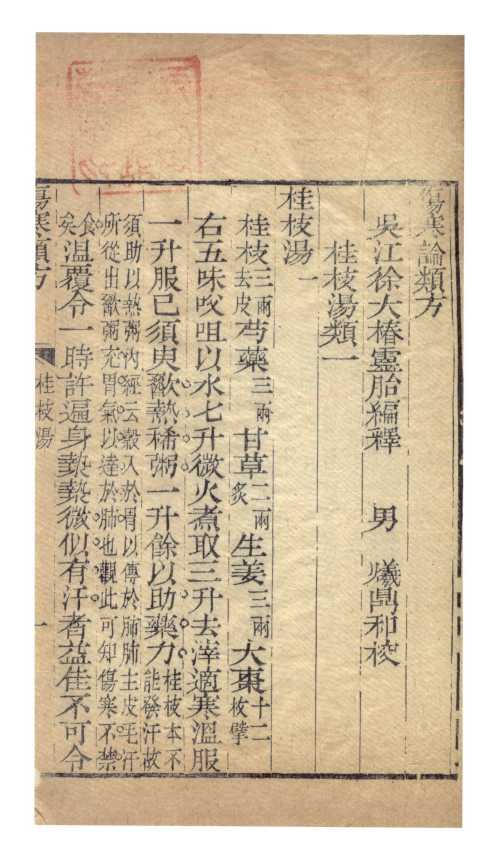

桂枝湯類一

吳江徐大椿靈胎編釋　男　爔嶼和校

桂枝湯一

桂枝去皮三兩　芍藥三兩　甘草炙二兩　生姜切三兩　大棗擘十二枚

右五味咬咀以水七升微火煮取三升去滓適寒溫服一升服已須臾歠熱稀粥一升餘以助藥力桂枝本不能發汗故

須助以熱粥內經云穀入於胃以傳於肺肺主皮毛汗所從出歠粥充胃氣以達於肺也觀此可知傷寒不禁食溫覆令一時許遍身蟄蟄微似有汗者益佳不可令

傷寒論類方
桂枝湯
一

傷寒論類方

071　傷寒論類方一卷　（清）徐大椿編釋　清乾隆二十四年（1759）刻本
框高 17.7 厘米，寬 12.7 厘米。半葉九行，行二十二字，小字雙行同，白口，左右雙邊。

名醫類案卷第一

新都篆南江瓘集──後學

仁和余 集蓉裳

仁和 錢塘魏之琇玉橫曾重校
歙 鮑廷博以文

中風

琇按南方中風絕少多屬非風類風皆風木內
病臨症之工宜詳審焉○凡風由內發皆屬氣
與火若後之虛風迴風是也

許亂宗治王太后病風不能言口噤而脈沉事急矣非大補
不可也若川有形之湯藥緩不及事乃以防風黃芪煎湯
數斛置於牀下湯氣薰蒸滿室如霧使口鼻俱受之其夕
便得語此非智者通神之法不能回也蓋人之口通乎地
鼻通乎天口以養陰鼻以養陽天主清故鼻不受有形而

名醫類案卷之一 中風 一 知不足齋正本

072　名醫類案十二卷　（明）江瓘集　清乾隆三十五年（1770）知不足齋刻本
框高 19 厘米，寬 14.2 厘米。半葉十行，行二十三字，黑口，左右雙邊。

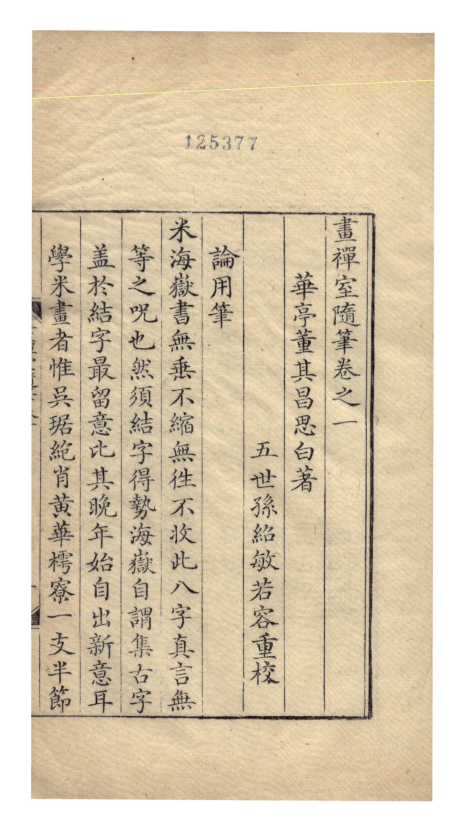

125377

畫禪室隨筆卷之一

華亭董其昌思白著

五世孫紹敏若容重校

論用筆

米海嶽書無垂不縮無往不收此八字真言無

等之呪也然須結字得勢海嶽自謂集古字

盖於結字最留意此其晚年始自出新意耳

學米畫者惟吳琚絕肖黃華樗寮一支半節

073　畫禪室隨筆四卷　（明）董其昌撰　（清）孫紹敏重校　清乾隆三十三年（1768）
刻本

　　框高 16.3 厘米，寬 11.2 厘米。半葉八行，行十八字，白口，左右雙邊。有"謙光"印。

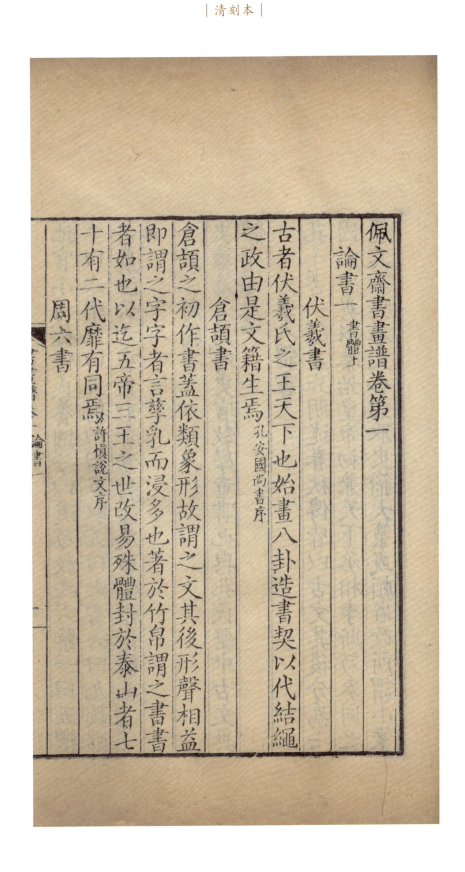

074　佩文齋書畫譜一百卷　　（清）孫岳頒等奉敕撰　清康熙四十七年（1708）内府刻本

框高 16.9 厘米，寬 11.6 厘米。半葉十一行，行二十一字，白口，左右雙邊。

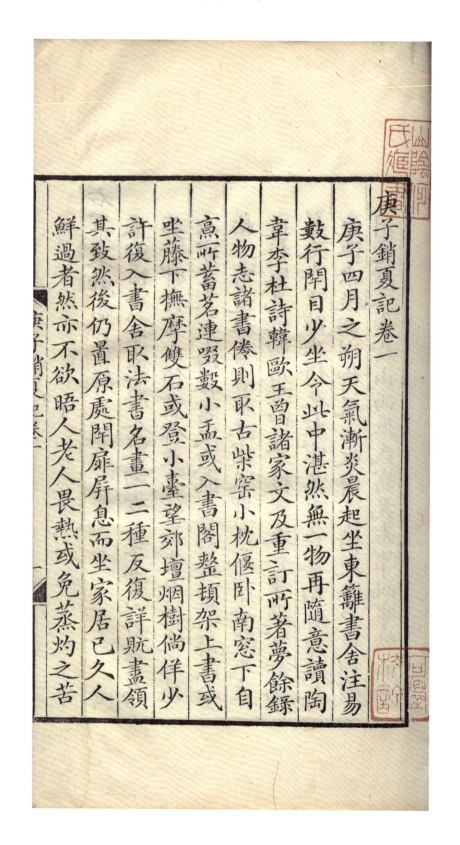

075　庚子銷夏記八卷　（清）孫承澤撰　清乾隆二十六年（1761）鮑廷博知不足齋刻本

框高 18.5 厘米，寬 13.6 厘米。半葉十行，行二十字，黑口，左右雙邊。有"山陰何氏藏書""何澂校記"印。

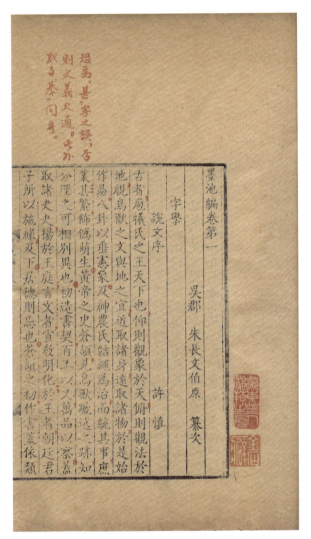

076 墨池編二十卷 （宋）朱長文纂次 清雍正十一年（1733）就閒堂刻本

框高 16.5 厘米，寬 11.7 厘米。半葉十一行，行二十一字，黑口，左右雙邊。有"遼東野人稿荐之旁"等印。

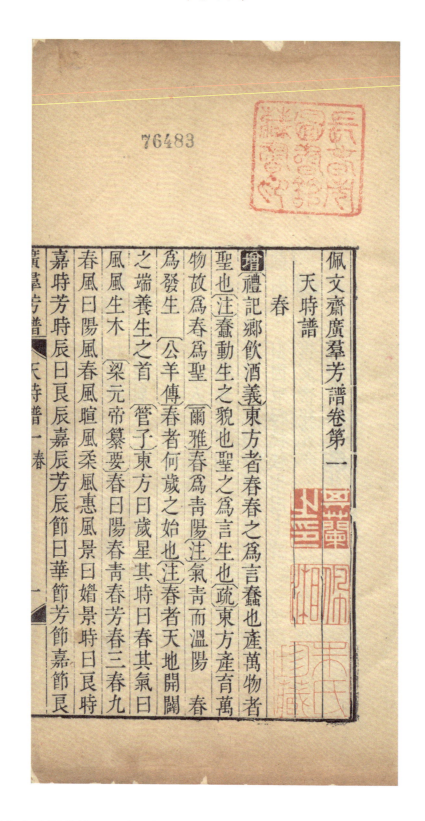

077　佩文齋廣羣芳譜一百卷目錄二卷　（清）汪灝等輯　清康熙四十七年（1708）內府刻本

框高17厘米，寬11.7厘米。半葉十一行，行二十一字，白口，左右雙邊。有"朱氏珍藏""其蘭之印""佩湘"等印。

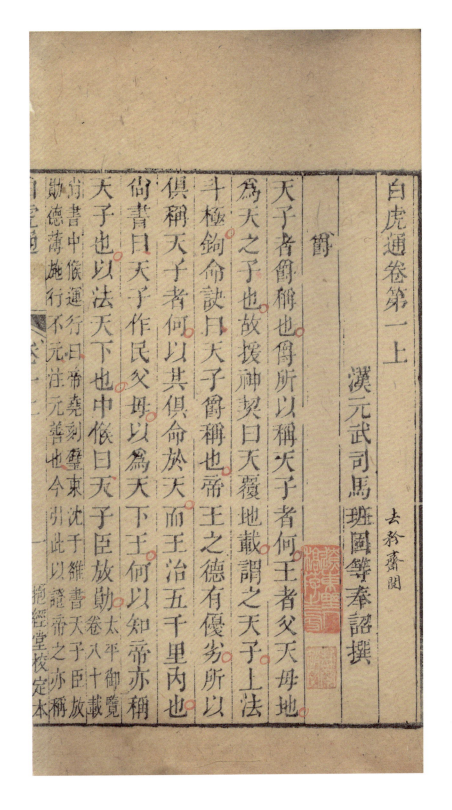

078　白虎通四卷　（漢）班固撰　闕文一卷攷一卷　（清）莊述祖輯并撰　校勘補遺

一卷　（清）蘆文弨撰　清乾隆四十九年（1784）抱經堂刻本

　　框高 18.3 厘米，寬 13 厘米。半葉十行，行二十字，小字雙行同，白口，左右雙邊。有

"遼東野人稿荐之旁"等印。

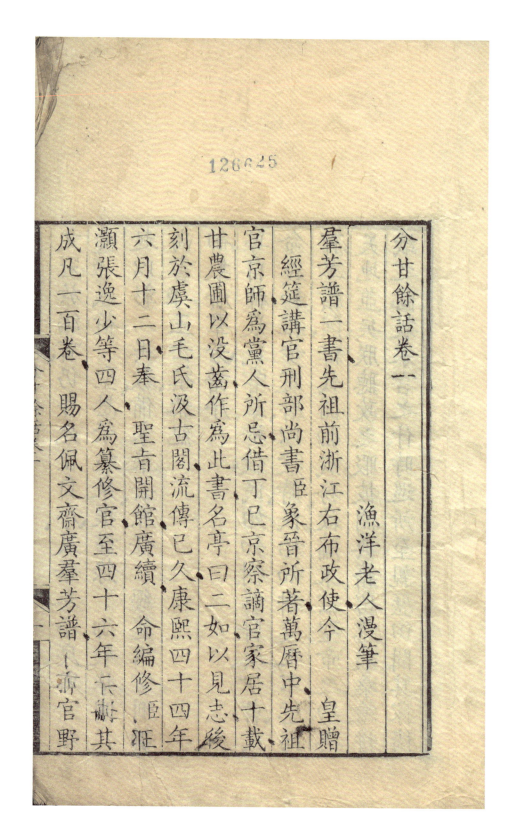

079　分甘餘話十六卷　（清）王士禎撰　清康熙刻本

框高 18 厘米，寬 13.5 米。半葉十行，行十九字，黑口，左右雙邊。

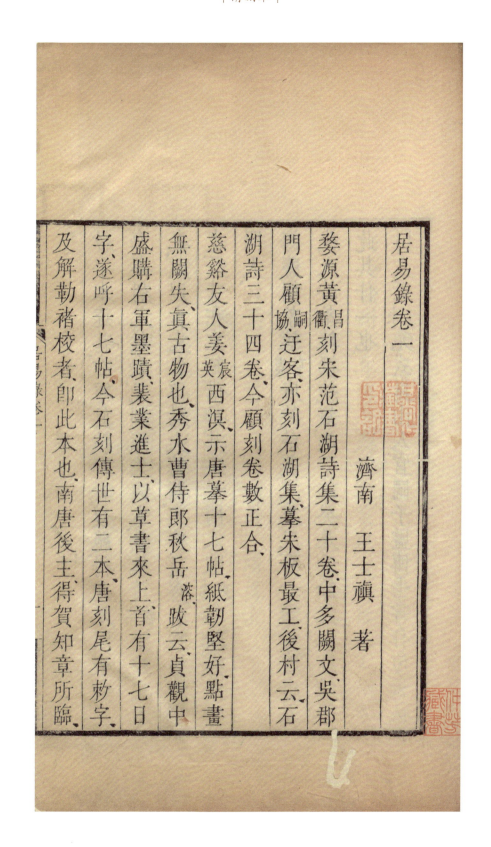

080　居易録三十四卷　清康熙刻本

　　框高 17 厘米，寬 13.2 米。半葉十行，行二十字，黑口，左右雙邊。有“仲芳藏書”“甘尚仁藏書印記”等印。

李太白文集卷第一

草堂集序

宣州當塗縣令李 陽冰

李白字太白隴西成紀人涼武昭王暠九世孫蟬聯
珪組世為顯著中葉非罪謫居條支易姓為名然自
窮蟬至舜五世為庶累世不大曜亦可歎焉神龍之
始逃歸于蜀復指李樹而生伯陽驚姜之夕長庚入
夢故生而名白以太白字之世稱太白之精得之矣
不讀非聖之書恥為鄭衛之作故其言多似天仙之
辭九所著述言多諷興自三代已來風騷之後馳驅
屈宋鞭撻揚馬千載獨步唯公一人故王公趨風列
岳結軌羣賢翕習如鳥歸鳳盧黃門云陳拾遺橫制

081　李太白文集三十卷　（唐）李白撰　清康熙五十六年（1717）繆曰芑刻本

框高18厘米，寬11.1厘米。半葉十一行，行二十字，白口，左右雙邊。有"裘杼堂藏書記"印。

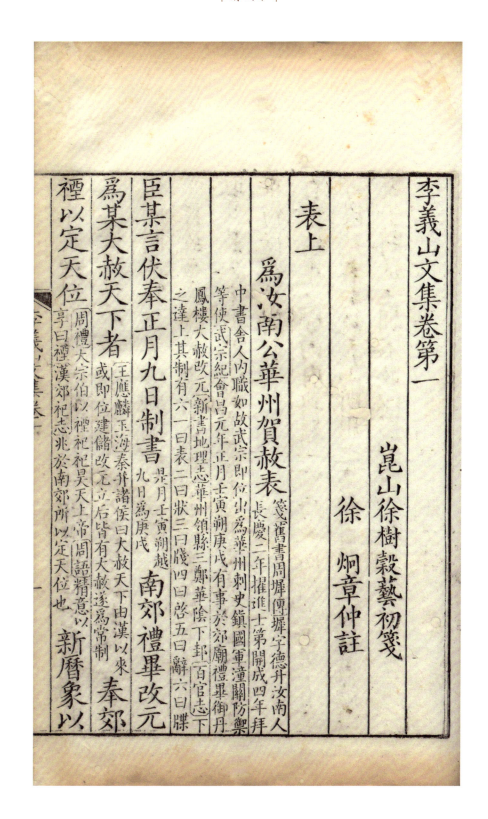

082　李義山文集十卷　（唐）李商隱撰　（清）徐樹穀箋　（清）徐炯注　清康熙
四十七年（1708）徐氏花谿草堂刻本

　　框高19.4厘米，寬14.5厘米。半葉十行，行二十一字，小字雙行三十一字，白口，左
右雙邊。

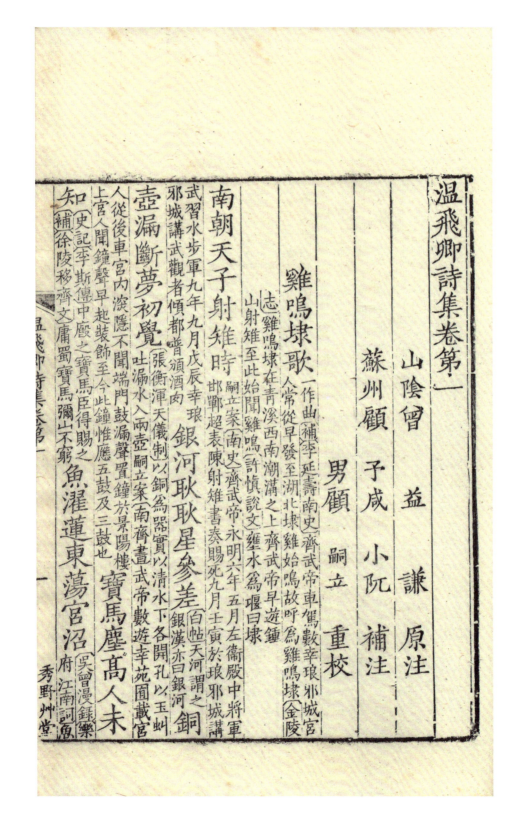

083 溫飛卿詩集七卷詩別集一卷集外詩一卷 （唐）溫庭筠撰 （明）曾益原注 （明）顧予咸補注 （清）顧嗣立續注 清康熙三十六年（1697）長洲顧嗣立秀野草堂刻本

框高18.8厘米，寬15厘米。半葉十一行，行二十字，小字雙行三十字，白口，左右雙邊。

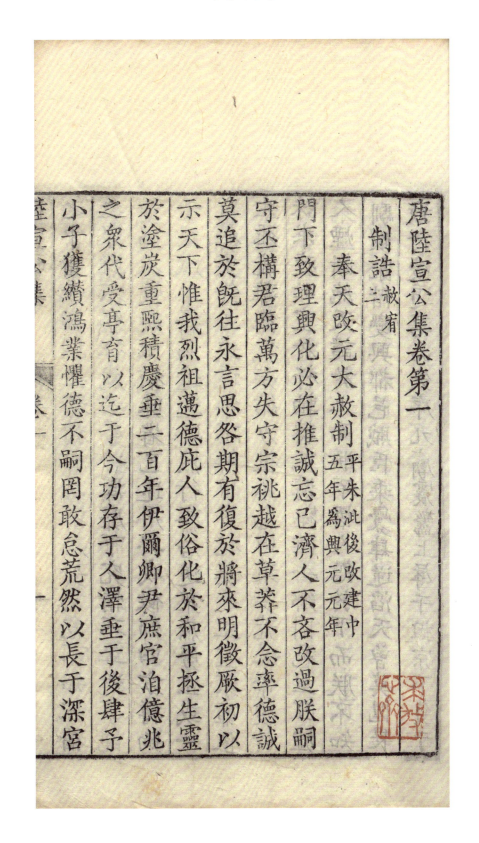

084　唐陸宣公集二十二卷首一卷　（唐）陸贄撰　清雍正元年（1723）年龔堯刻本

框高 18.7 厘米，寬 14 厘米。半葉十行，行二十字，白口，四周單邊。有"求放心齋藏書之印""長白馬桐軒藏書畫記""吳唅藏書"等印。

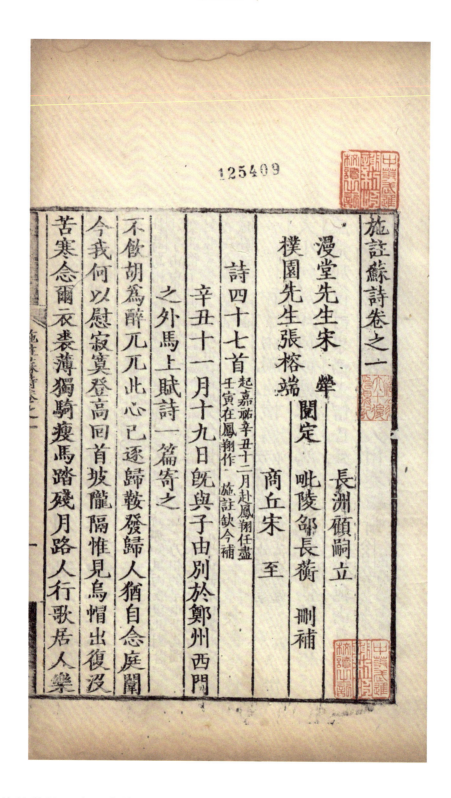

085　施註蘇詩四十二卷總目二卷　（宋）蘇軾撰　（宋）施元之注　（清）邵長蘅等刪補　續補遺二卷　（清）馮景補注　王註正譌一卷　（清）邵長蘅撰　東坡先生年譜一卷（宋）王宗稷編　（清）邵長蘅重訂　清康熙三十八年（1699）宋犖刻本

框高 18.8 厘米，寬 14.4 厘米。半葉十行，行二十一字，小字雙行三十一字，黑口，四周單邊。有"中華武進謝利恒校讀之記""澄翁六十後怡得記"印。

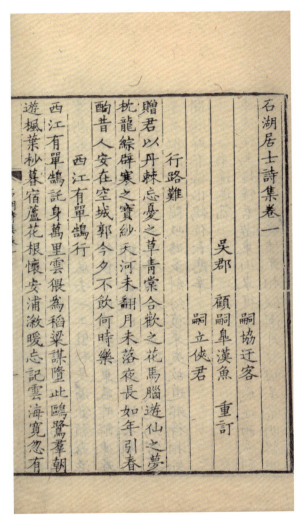

086　石湖居士詩集三十四卷　（宋）范成大撰　（清）顧協立　（清）顧嗣皋　（清）顧嗣立重訂　清康熙二十七年（1688）顧氏依園刻本

框高 20.1 厘米，寬 14.2 厘米。半葉十一行，行二十一字，白口，左右雙邊。有"稽瑞樓"等印。

善卷堂四六卷之一

武林陸繁弨拒石撰

桐城吳自高若山氏注

武進陳明善服旆校閲

序

柴氏古韻通序 〔杭州府志文苑傳柴紹炳字虎臣錢唐人博極羣書爲文典麗宏博年三十有所感棄諸生賣藥於市益肆力於古文詞所著有翼望山人稿宗約家傳家誠其古韻通考尤爲精確卓然成一家言〕

原夫天籟發於鴻濛。〔莊子〕女聞人籟而未聞地籟女聞地籟而未聞天籟〔又〕雲將東遊過扶搖之枝而適遭鴻濛

注鴻濛白然元氣也 元音肇於遂古。〔李華詩黃鐘叩元音〔屈原天問

善卷堂四六 卷一 序 一

087 善卷堂四六十卷 （清）陸繁弨撰 （清）吳自高注 清乾隆三十五年（1770）亦園刻本

框高 15 厘米，寬 11.6 厘米。半葉九行，行二十一字，白口，左右雙邊。

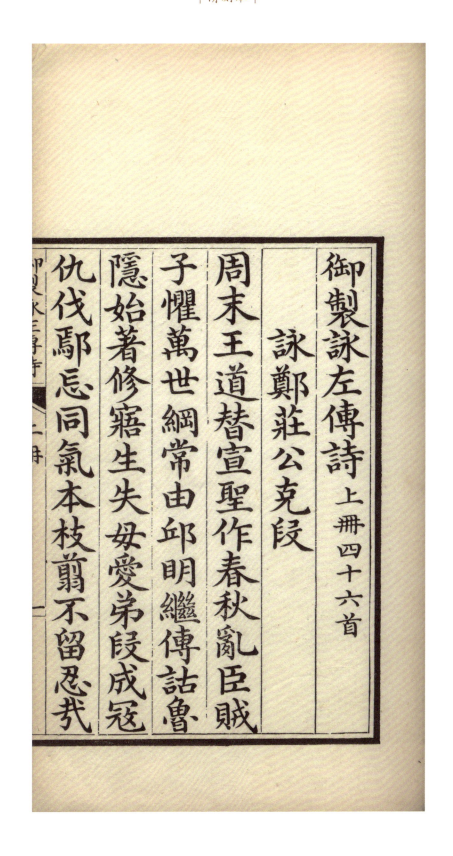

088　御製詠左傳詩二卷　（清）高宗弘曆撰　清乾隆內府刻本
框高 13.9 厘米，寬 9.8 厘米。半葉六行，行十三字，白口，四周雙邊。

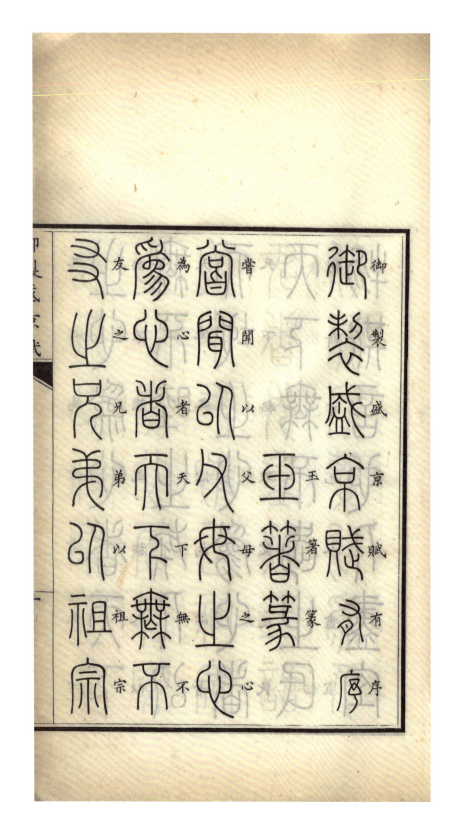

089　御製盛京賦　（清）高宗弘曆撰　（清）傅恒等編撰　清乾隆十三年（1748）武
英殿刻本

　　框高22厘米，寬15.5厘米。半葉五行，行七字，白口，四周雙邊。

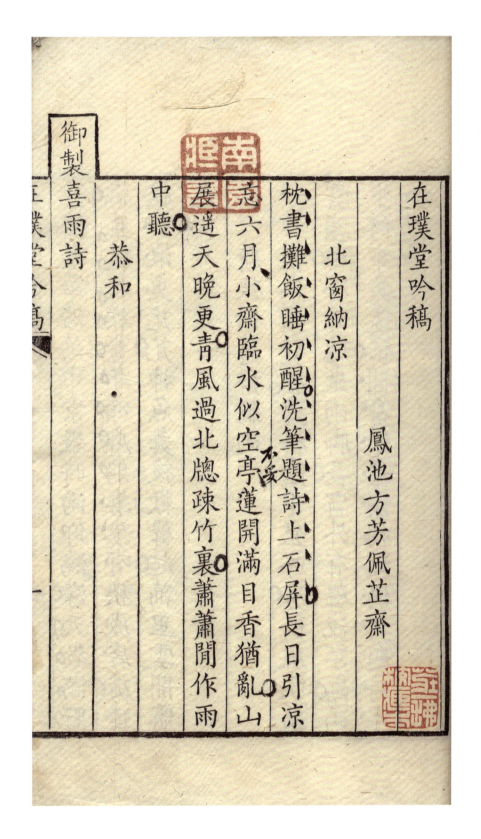

御製喜雨詩

恭和

遙天晚更青風過北牕疎竹裏蕭蕭閒作雨
中聽

六月小齋臨水似空亭蓮開滿目香猶亂山

北窗納凉

枕書攤飯睡初醒洗筆題詩上石屏長日引凉

在璞堂吟稿　　　鳳池方芳佩芷齋

090　在璞堂吟稿一卷　（清）方芳佩撰　清乾隆十五年（1750）翁照刻本

框高 18 厘米，寬 13.8 厘米。半葉九行，行十八字，白口，左右雙邊。有"莊一拂校藏本""南園藏書"等印。

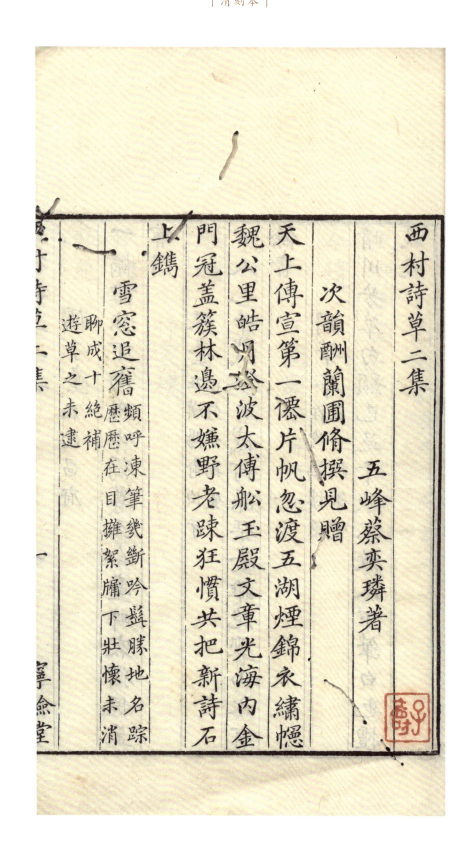

091　西村詩草二集一卷　　（清）蔡奕璘著　清乾隆寧儉堂刻本

框高 18.1 厘米，寬 14 厘米。半葉九行，行十八字，小字雙行同，白口，左右雙邊。

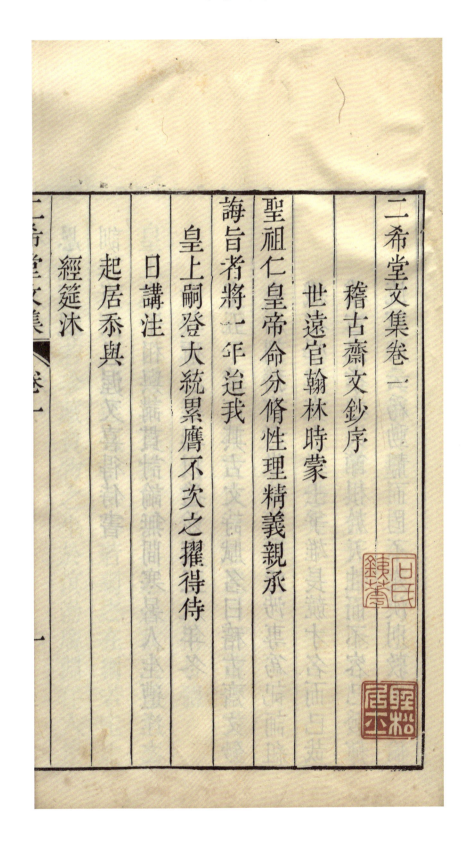

092　二希堂文集十一卷首一卷　（清）蔡世遠撰　清乾隆二十二年（1757）刻本

框高 22.4 厘米，寬 14.1 厘米。半葉九行，行二十字，白口，左右雙邊。有"吳郡石賷良鐵華氏藏""虎邱三泉亭主人"等印。

古之言性者多與孔子言性相近周人世碩宓子賤漆雕開公
孫臣子之徒言性有善惡孟子言性善告子言人性無分於善
不善荀子言性惡董仲舒言性有善質而未能盡善何以核其
實也古者性與天道通不明於陰陽五行不可以言性民受天
地之中以生在天曰命在人曰性故神農經言養命以應天養
性以應人天爲陽主性地爲陰主情天先成而地後定故情欲
後於性命五六天地之中合性有五常情有六欲五常者仁義
禮智信六欲者喜怒哀樂好惡也陽者善故性善陰有欲故情
有不善陽極生陰故性之動爲情陰極勝陽故情之動爲欲性

問字堂集卷一

雜文一

原性篇

孫星衍撰

093　問字堂集六卷　（清）孫星衍撰　清乾隆五十九年（1794）蘭陵孫氏刻本

框高 18.7 厘米，寬 14.7 厘米。半葉十二行，行二十四字，黑口，四周單邊。有“潛香生印”印。

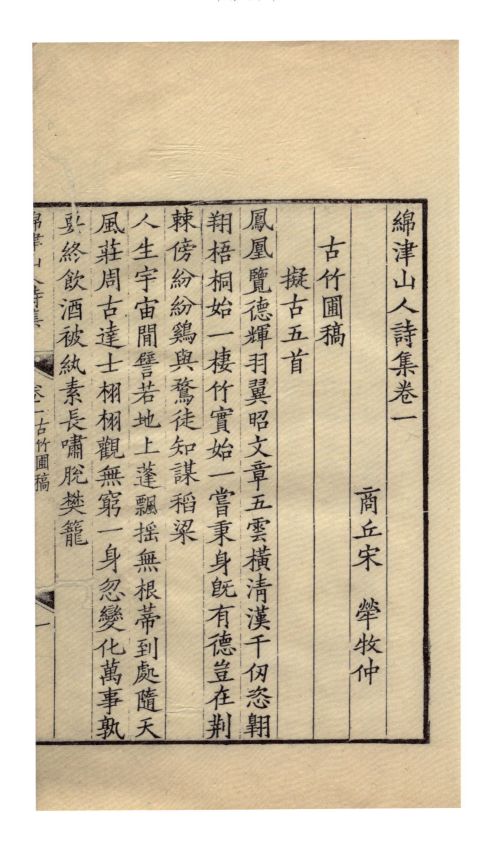

綿津山人詩集卷一

商丘宋犖牧仲

古竹圃稿

擬古五首

鳳凰覽德輝羽翼昭文章五雲橫清漢千仞恣翱翔梧桐始一棲竹實始一嘗秉身既有德豈在荊棘傍紛紛鷄與鶩徒知謀稻粱

人生宇宙間譬若地上蓬飄搖無根蒂到處隨天風莊周古達士栩栩觀無窮一身忽變化萬事亦終飲酒被紈素長嘯脫樊籠

094　綿津山人詩集二十六卷楓香詞一卷　（清）宋犖撰　清康熙二十七年（1688）刻本
框高 18.4 厘米，寬 12.8 厘米。半葉十行，行十九字，白口，四周單邊。

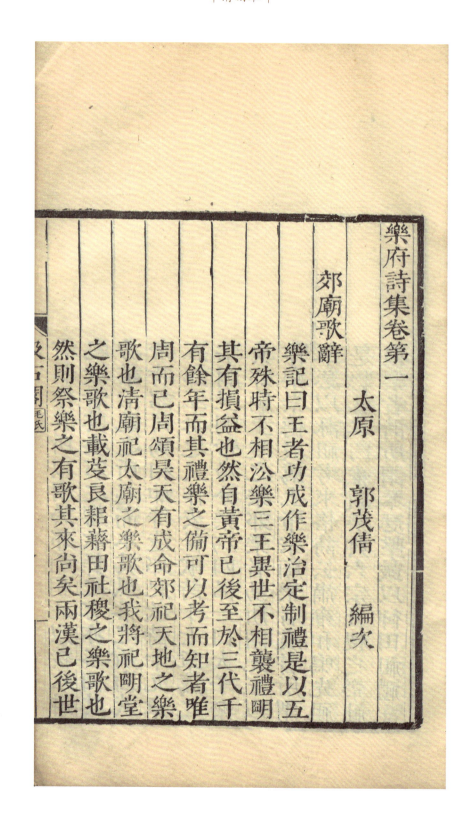

095　樂府詩集一百卷目錄二卷　（宋）郭茂倩編次　清初汲古閣刻本

框高 18.7 厘米，寬 14.4 厘米。半葉十一行，行二十一字，黑口，左右雙邊。

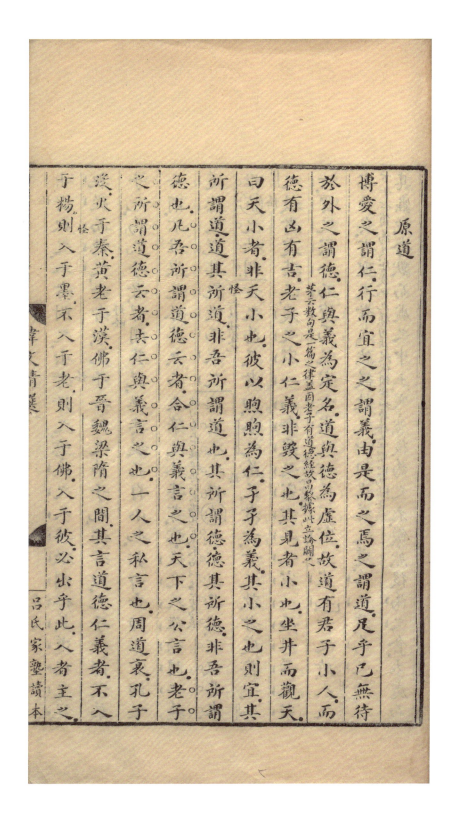

原道

博愛之謂仁，行而宜之之謂義，由是而之焉之謂道，足乎己無待

於外之謂德，仁與義為定名，道與德為虛位，故道有君子小人，而

德有凶有吉，老子之小仁義，非毀之也，其見者小也，坐井而觀天，

曰天小者，非天小也，彼以煦煦為仁，孑孑為義，其小之也，則宜其

所謂道，道其所謂道，非吾所謂道也，其所謂德，德其所謂德，非吾所謂

德也，凡吾所謂道德云者，合仁與義言之也，天下之公言也，老子

之所謂道德云者，去仁與義言之也，一人之私言也，周道衰，孔子

沒，火于秦，黃老于漢，佛于晉魏梁隋之間，其言道德仁義者，不入

于楊，則入于墨，不入于老，則入于佛，入于彼，必出乎此，入者主之，

096　晚邨先生八家古文精選不分卷　（明）吕留良編　清康熙四十三年（1704）吕氏
家塾刻本

　　框高 19.8 厘米，寬 14.3 厘米。半葉十行，行二十五字，白口，左右雙邊。有"許焞收
藏""吳興潘澄鑑攷藏之印"等印。

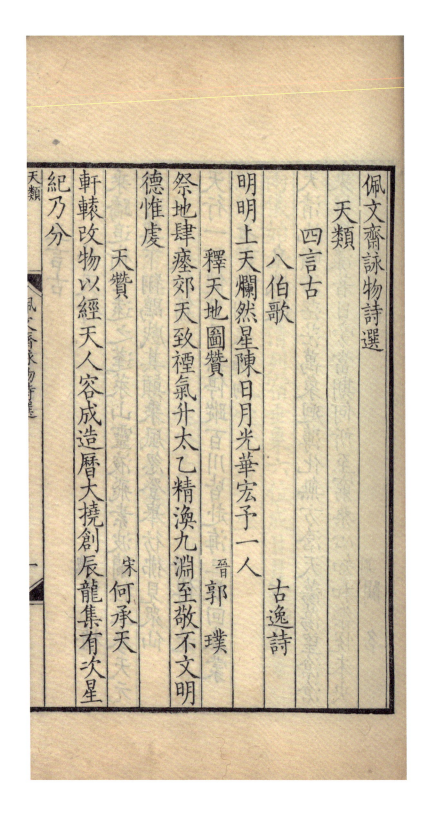

097　佩文齋詠物詩選四百八十六卷　（清）汪霦等編　清康熙四十六年（1707）内府刻本

　　框高 16.4 厘米，寬 11.1 厘米。半葉十一行，行二十一字，黑口，左右雙邊。

　　《國家珍貴古籍名録》編號：06344

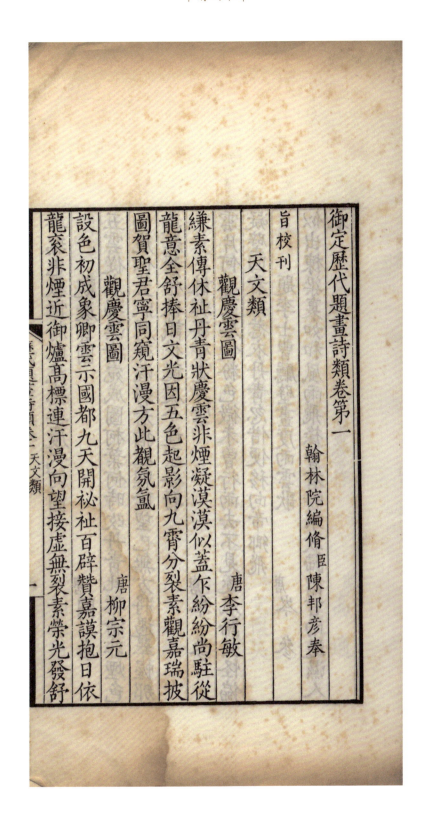

098　御定歷代題畫詩類一百二十卷　　（清）陳邦彦奉敕編　清康熙四十六年（1707）
內府刻本
　　框高 18.8 厘米，寬 12.8 厘米。半葉十一行，行二十三字，黑口，左右雙邊。

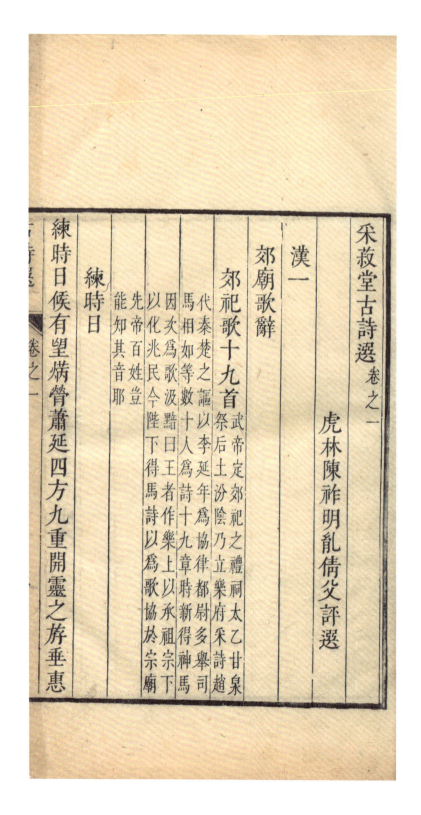

練時日侯有望熛菤蕭延四方九重開靈之斿垂惠

練時日

能知其音耶

先帝百姓豈

以化兆民今陛下得馬詩以爲歌協於宗廟

因次爲歌汲黯日王者作樂上以承祖宗下

馬相如等數十人爲詩十九章時新得神馬

代秦楚之謳以李延年爲協律都尉多舉司

郊祀歌十九首　武帝定郊祀之禮祠太乙甘泉
祭后土汾陰乃立樂府采詩趙

郊廟歌辭

漢一

采菽堂古詩選　卷之一　虎林陳祚明胤倩父評選

099　采菽堂古詩選三十八卷補遺四卷　　（清）陳祚明評選　清康熙四十八年（1709）采菽堂刻本

框高18.1厘米，寬13.5厘米。半葉十行，行二十字，小字雙行同，白口，左右雙邊。有"都門正雅堂經藏書籍印""左念恂印"等印。缺十一卷（二十二至三十二）。

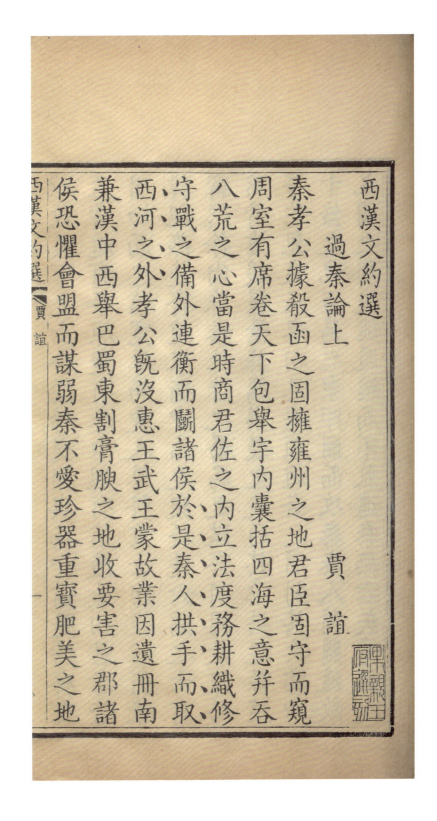

西漢文約選

過秦論上

賈　誼

秦孝公據殽函之固擁雍州之地君臣固守而窺
周室有席卷天下包舉宇內囊括四海之意并吞
八荒之心當是時商君佐之內立法度務耕織修
守戰之備外連衡而鬬諸侯於是秦人拱手而取
西河之外孝公既沒惠王武王蒙故業因遺冊南
兼漢中西舉巴蜀東割膏腴之地收要害之郡諸
侯恐懼會盟而謀弱秦不愛珍器重寶肥美之地

100　古文約選不分卷　　（清）允禮輯　清雍正十一年（1733）果親王府刻本

框高 21.1 厘米，寬 14 厘米。半葉九行，行十九字，白口，四周雙邊。有"靜窗秘笈"印。

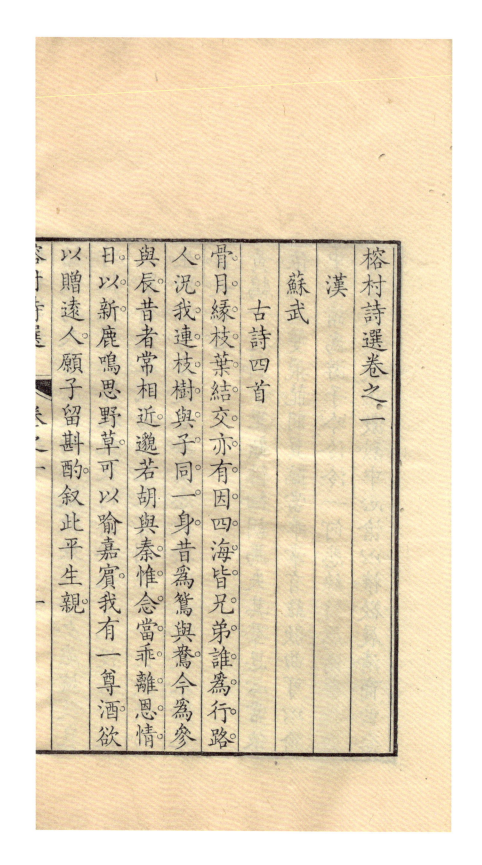

101　榕村詩選八卷首一卷　（清）李光地輯　清雍正七年（1729）杭州臬署刻本
框高 17.8 厘米，寬 12.5 厘米。半葉九行，行十九字，白口，左右雙邊。有 "教忠堂藏板" 印。

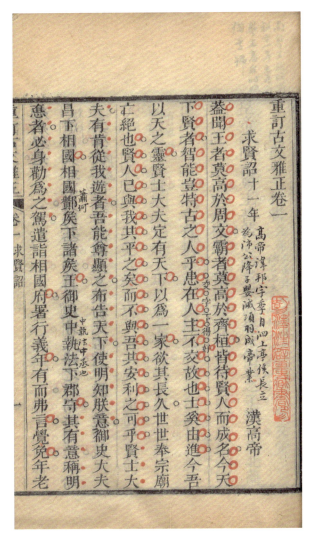

102　重訂古文雅正十四卷　（清）蔡世遠編　（清）林有席評　清乾隆四十二年（1777）
石竹山房刻本

　　框高 19.1 厘米，寬 14.2 厘米。半葉九行，行二十五字，白口，左右雙邊。有"彭澤汪
辟疆藏書印"等印。

中晚唐詩叩彈集卷第一

錫山杜詔紫綸
秀水杜庭珠詔穀　集

白居易

字樂天其先太原人徙下邽貞元中擢進士拔萃元和元年對制策乙
等自翰林學士遷左拾遺論執彊鯁摩多被聽納帝以其家貧
聽自擇官乃以學士兼京兆户曹參軍俄有言居易浮華無實貶出為
州刺史又照江州司馬徙忠州刺史（為）為司門員外郎以主客郎中知
制造遷中書舍人後出為杭州刺史久之以太子左庶子分司東都又
改蘇州刺史文宗立拜刑部侍郎太和初二李黨事起旦暮相奪移居
易惡緣黨人進乃移疾還東都論年拜河南尹會昌初以刑部尚書致
仕辛蓋居易既屢斥因放意文酒晚好浮屠自號香山居士醉吟
積序其詩謂二十年間禁省觀寺郵候牆壁之上無不書王公妾婦牛童
馬走之口無不通至於繕寫鬻賣於市井持之以交酒茗者處
處皆是有雞林賈人求售長恨歌家索直百金誘一篇其甚偽者相輒
能辨之又一女子能誦長恨歌遂索直百萬其為一代驚豔如此

采山亭

103　中晚唐詩叩彈集十二卷續集三卷　（清）杜詔　（清）杜庭珠集　清康熙四十三
年（1704）采山亭刻本
　　框高19.4厘米，寬15厘米。半葉十一行，行二十字，小字雙行三十字，白口，左右雙邊。

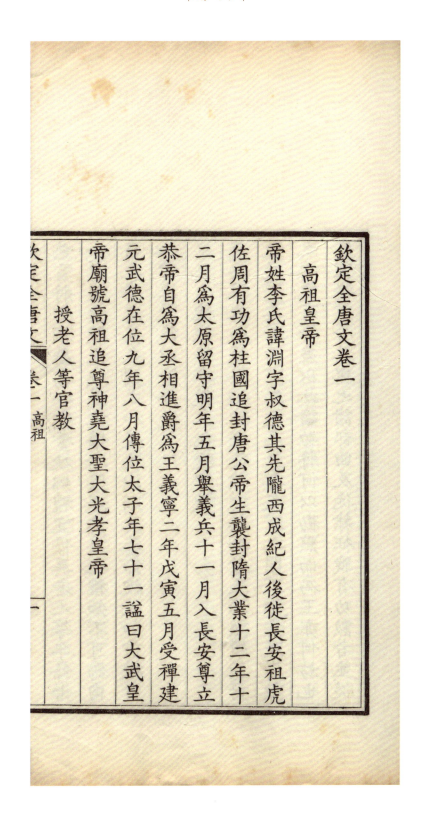

104　欽定全唐文一千卷目錄三卷序例一卷　（清）董誥等編　清嘉慶十九年（1814）
內府刻本

　　框高 20.1 厘米，寬 14.5 厘米。半葉九行，行二十二字，白口，四周雙邊。有"陽湖陶
氏涉園所有書籍之記"等印。

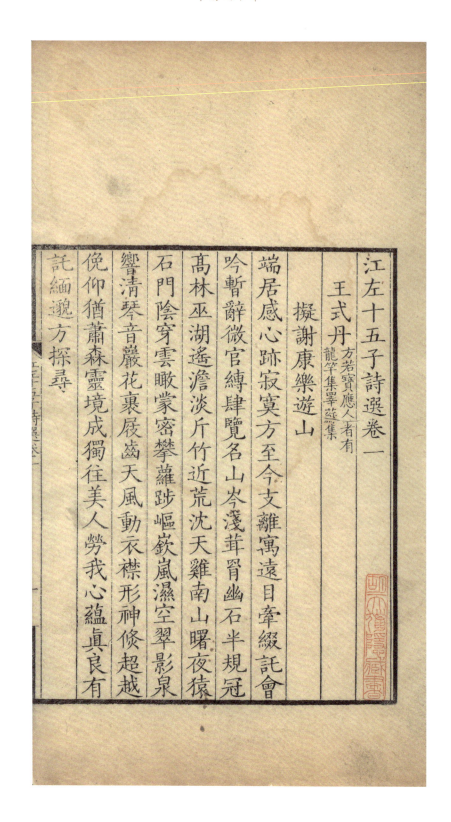

105　江左十五子詩選十五卷　（清）宋犖選　（清）邵長蘅訂　清康熙四十二年（1703）刻本

框高 16.2 厘米，寬 13 厘米。半葉十行，行十九字，黑口，左右雙邊。有"胡天獵隱藏書"印。

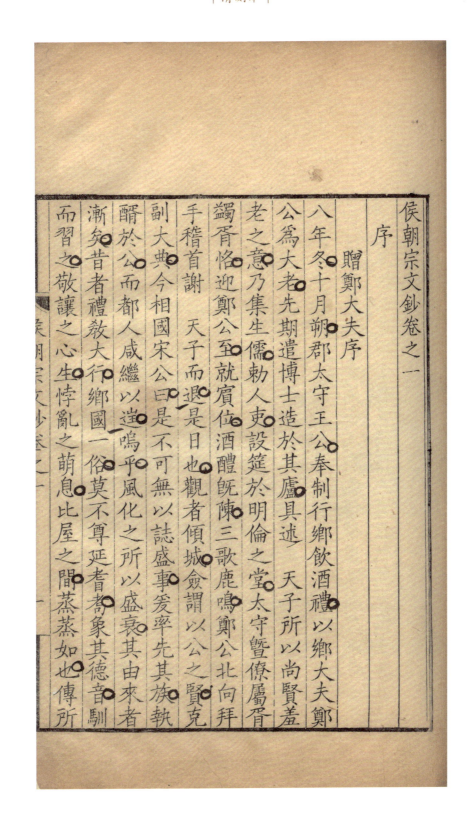

106　國朝三家文鈔三十二卷　（清）宋犖編　清康熙三十三年（1694）刻本

　　框高 18.8 厘米，寬 14.2 厘米。半葉十二行，行二十三字，黑口，左右雙邊。有"芋香過眼"印。

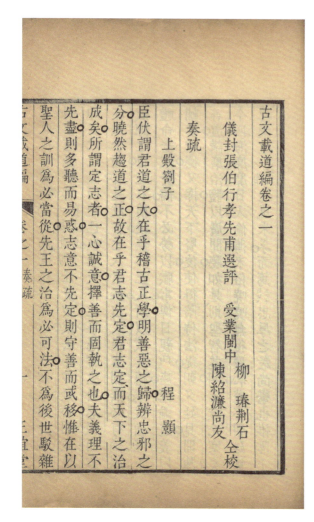

107　古文載道編十八卷　（清）張伯行選評　清康熙四十九年（1710）正誼堂刻本

框高 19.7 厘米，寬 14.1 厘米。半葉十行，行二十二字，白口，左右雙邊。有"正誼堂藏板"等印。

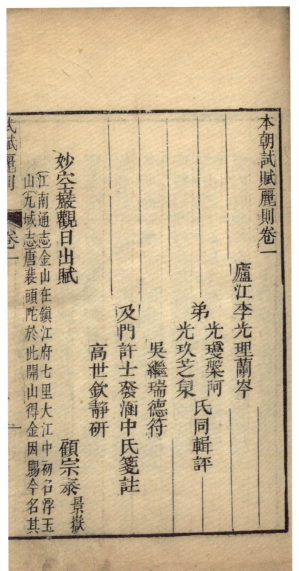

108　本朝試賦麗則四卷　（清）李光理等輯評　（清）吳繼瑞等箋註　清乾隆三十三年（1768）金陵三多齋刻本

框高19厘米，寬12厘米。半葉九行，行二十二字，雙行小字同，白口，四周單邊。

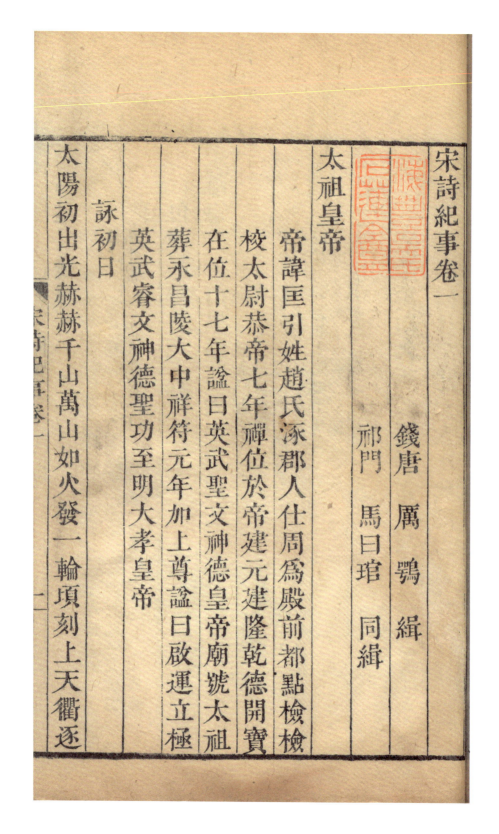

宋詩紀事卷一

　　　　錢唐　厲　鶚　緝

　　　　祁門　馬曰琯　同緝

太祖皇帝

　帝諱匡引姓趙氏涿郡人仕周爲殿前都點檢

　校太尉恭帝七年禪位於帝建元建隆乾德開寶

　在位十七年諡曰英武聖文神德皇帝廟號太祖

　葬永昌陵大中祥符元年加上尊諡曰啟運立極

　英武睿文神德聖功至明大孝皇帝

詠初日

太陽初出光赫赫千山萬山如火發一輪頃刻上天衢逐

109　宋詩紀事一百卷　　（清）厲鶚（清）馬曰琯緝　清乾隆十一年（1746）刻本

框高 19.5 厘米，寬 14 厘米。半葉十一行，行二十二字，白口，左右雙邊。有 “海豐吳氏石蓮盦” “吳氏家藏” 等印。

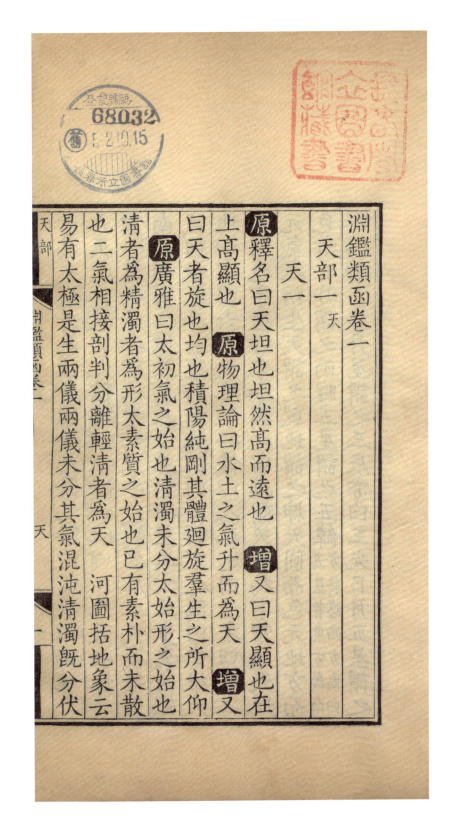

110　淵鑑類函四百五十卷目録四卷　（清）張英等纂　清康熙四十九年（1710）内府刻本

框高 17.4 厘米，寬 11.7 厘米。半葉十行，行二十一字，黑口，四周雙邊。

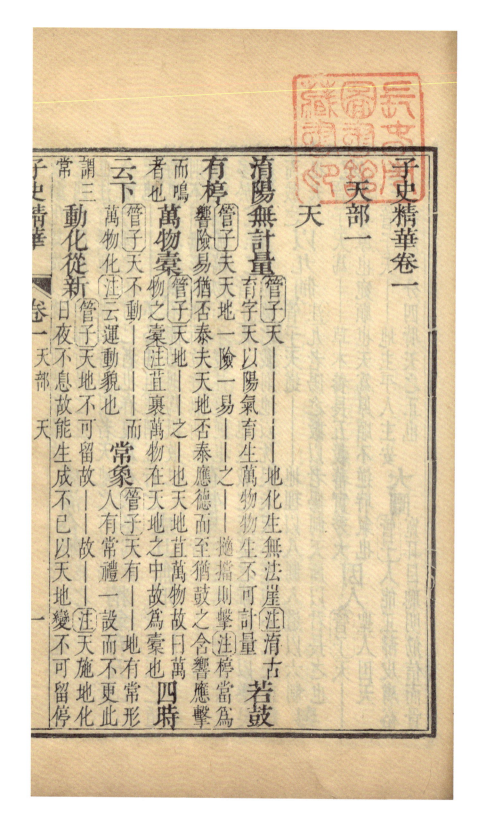

111　子史精華一百六十卷　（清）吳襄等纂修　清雍正五年（1727）武英殿刻本

框高18厘米，寬12.5厘米。半葉八行，行二十四字，小字雙行同，白口，四周雙邊。有"得耕堂藏書記"印。

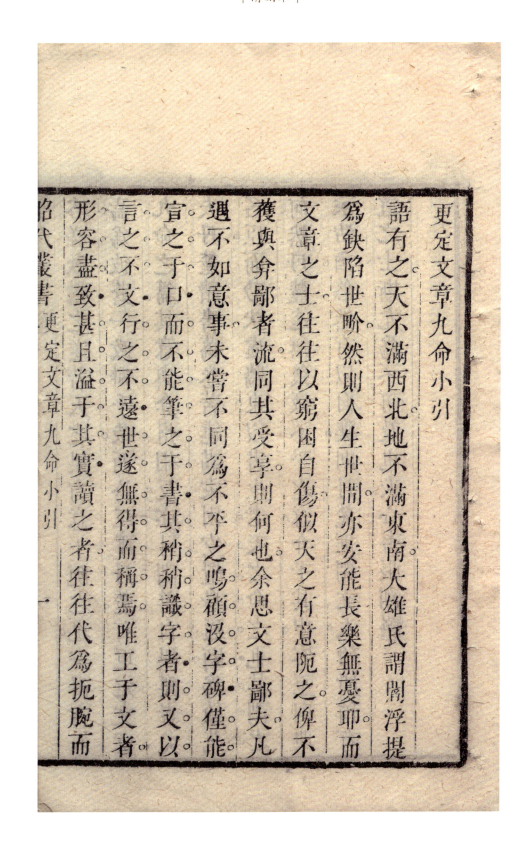

112　昭代叢書甲集五十卷乙集四十卷　（清）張潮輯　（清）姜實節校　清康熙刻本
框高 18 厘米，寬 13.6 厘米。半葉九行，行二十字，白口，四周單邊。

活字本

長春市圖書館藏古籍善本圖錄

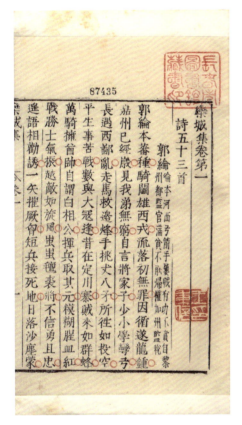

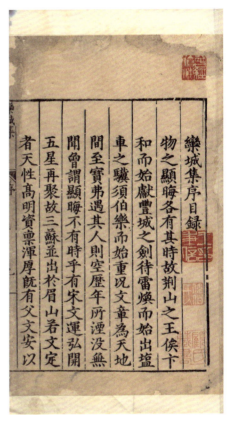

113　欒城集五十卷目録二卷後集二十四卷三集十卷　　（宋）蘇轍撰　明活字印本

框高 19 厘米，寬 14.2 厘米。半葉十行，行二十字，白口，四周單邊。有"顧氏藏書""偉伯氏""曾在周叔弢處"等印。

《國家珍貴古籍名録》編號：08876

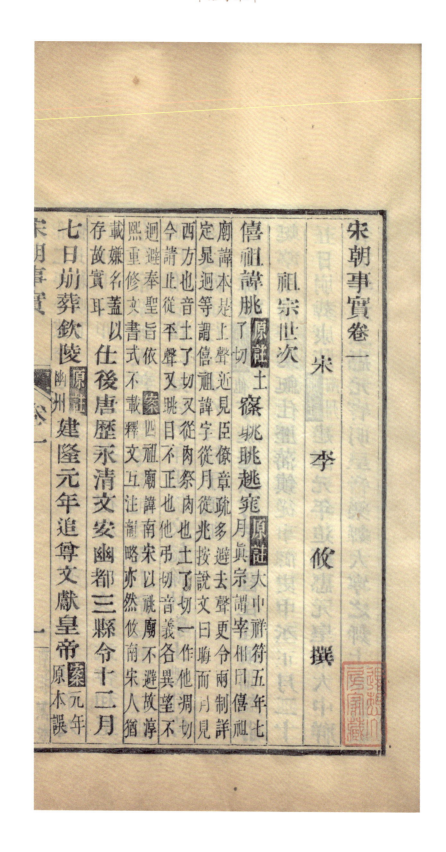

114　宋朝事實二十卷末一卷　（宋）李攸撰　清乾隆武英殿聚珍版印本

框高 19.1 厘米，寬 12.6 厘米。半葉九行，行二十一字，白口，四周雙邊。

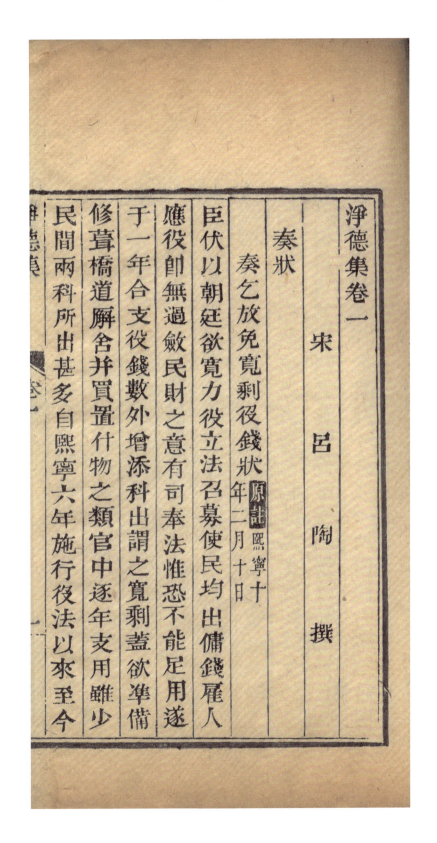

淨德集卷一

宋 呂陶 撰

奏狀

奏乞放免寬剩役錢狀 原註 熙寧十

年二月十日

臣伏以朝廷欲寬力役立法召募使民均出傭錢雇人

應役則無過斂民財之意有司奉法惟恐不能足用遂

于一年合支役錢數外增添科出謂之寬剩蓋欲準備

修葺橋道廨舍并買置什物之類官中逐年支用雖少

民間兩科所出甚多自熙寧六年施行役法以來至今

115　淨德集三十八卷　（宋）呂陶撰　清乾隆武英殿聚珍版印本

框高 19.3 厘米，寬 12.6 厘米。半葉九行，行二十一字，白口，四周雙邊。存十八卷（一

至十八）。

送四時雨

青溪

套印本

長春市圖書館藏古籍善本圖録

116　讀風臆評一卷　（明）戴君恩評　明萬曆四十八年（1620）閔齊伋刻朱墨套印本

框高 21.5 厘米，寬 15 厘米。半葉九行，行十九字，小字雙行同，白口，四周單邊。有

"覺人珍藏""閔齊伋""字遇五"等印。

《國家珍貴古籍名録》編號：03270

117 春秋左傳十五卷 （明）孫鑛批點 明萬曆四十四年（1616）閔齊伋刻朱墨套印本

框高 21.3 厘米，寬 15.2 厘米。半葉九行，行十九字，白口，四周單邊。有"韓敬""求中氏""傅榮榴印"等印。

《國家珍貴古籍名錄》編號：03350

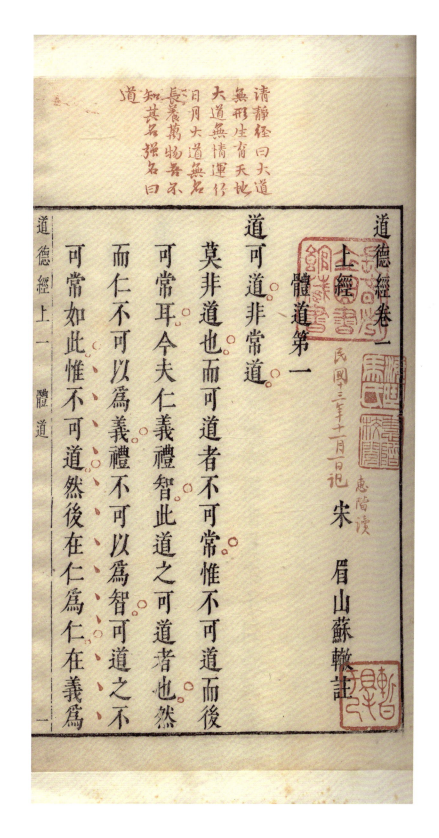

118　道德經二卷老子考異一卷　（宋）蘇轍註　（明）凌以棟批點　明刻朱墨套印本

框高 19.9 厘米，寬 14.6 厘米。半葉八行，行十八字，白口，四周單邊。有"惠階校閱""禮培私印"等印。

119 東坡先生志林五卷 （宋）蘇軾撰 （明）焦竑評 明刻套印本

框高 19.9 厘米，寬 14.6 厘米。半葉八行，行十八字，白口，四周單邊。有"萃閣堂所有書籍記""東萊賜書堂呂氏鏡宇收藏書畫金石之印"印。

《國家珍貴古籍名録》編號：08496

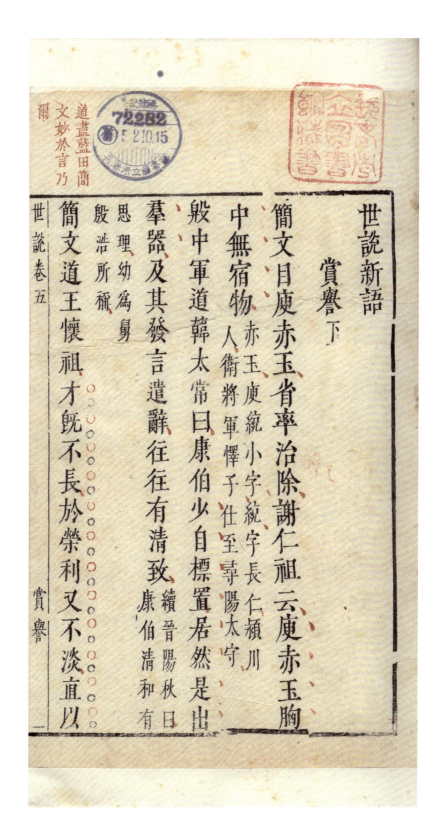

120 世說新語八卷 （南朝宋）劉義慶撰 明凌氏刻四色套印本

框高 21.5 厘米，寬 14.9 厘米。半葉八行，行十八字，小字雙行同，白口，四周單邊。存四卷（五至八）。

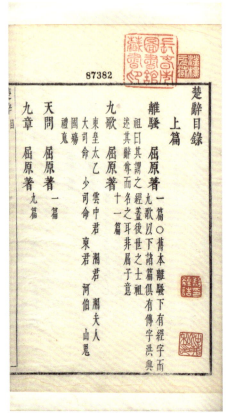
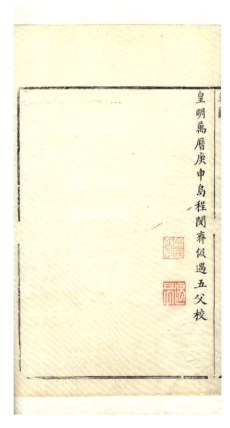

121　楚辭二卷　（戰國）屈原、宋玉、（漢）賈誼等撰　明萬曆四十八年（1620）閔
齊伋刻三色套印本

框高 21.2 厘米，寬 15.1 厘米。半葉九行，行十九字，小字雙行同，白口，四周單邊。
有"覺人珍藏""閔印齊伋""遇五父"等印。

《國家珍貴古籍名録》編號：05036

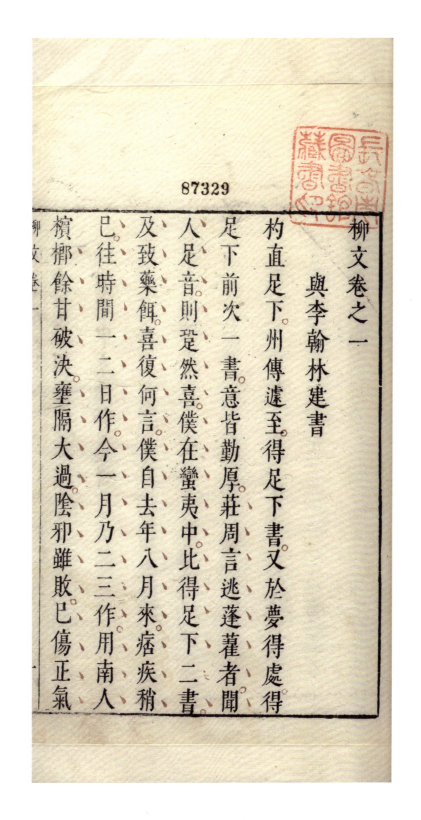

87329

柳文卷之一

與李翰林建書

杓直足下州傳遽至得足下書又於夢得處得
足下前次一書意皆勤厚莊周言逃蓬藋者聞
人足音則跫然喜僕在蠻夷中比得足下二書
及致藥餌喜復何言僕自去年八月來痞疾稍
已往時間一二日作今一月乃二三作用南人
檳榔餘甘破決壅隔大過陰邪雖敗已傷正氣

122　柳文七卷　（唐）柳宗元撰　（明）茅坤選録　明刻朱墨套印本

框高 20.3 厘米，寬 14.6 厘米。半葉八行，行十八字，白口，四周單邊。有"王秉信字執誠"等印。

《國家珍貴古籍名録》編號：05405

123　空同詩選一卷　（明）李夢陽撰　（明）楊慎選　明閔齊伋刻朱墨套印本

　　框高21.1厘米，寬15.2厘米。半葉九行，行十九字，白口，四周單邊。有"什菴""齊伋""閔十二"等印。

　　《國家珍貴古籍名録》編號：05955

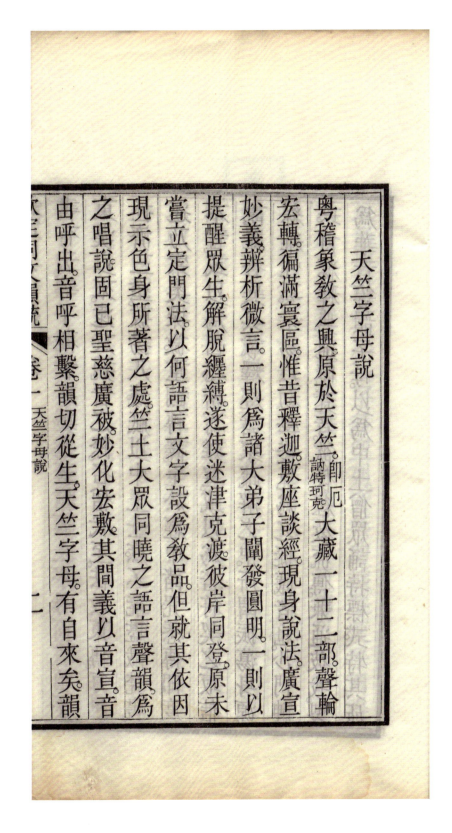

天竺字母說

粵稽象教之興原於天竺。即厄(訛特珂兌)大藏一十二部。聲輪
宏轉徧滿寰區惟昔釋迦敷座談經現身說法廣宣
妙義辨析微言。一則爲諸大弟子闡發圓明。一則以
提醒眾生。解脫纏縛遂使迷津克渡彼岸同登原未
嘗立定門法以何語言文字設爲教品但就其依因
現示色身所著之處竺土大眾同曉之語言聲韻爲
之唱說固已聖慈廣被妙化宏敷其間義以音宣音
由呼出音呼相繫韻切從生天竺字母。有自來矣韻

124　欽定同文韻統六卷　（清）章嘉胡土克圖等纂修　清乾隆十五年（1750）武英殿
刻朱墨套印本
　　框高 20 厘米，寬 14 厘米。半葉九行，行二十字，白口，四周雙邊。

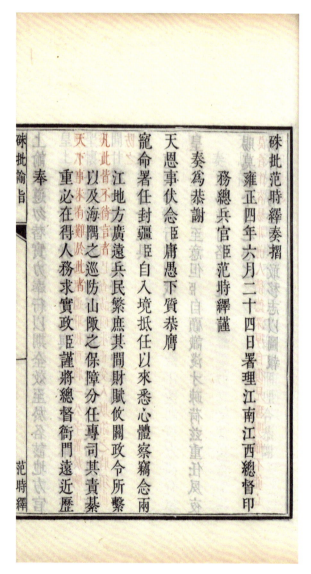

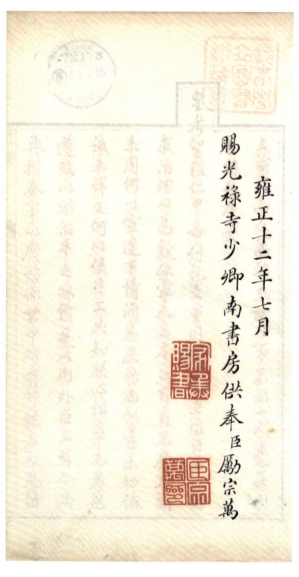

125 硃批諭旨不分卷 （清）世宗胤禛撰 清雍正十年（1732）內府刻朱墨套印本

框高20.4厘米，寬13厘米。半葉十行，行二十一字，白口，四周雙邊。有"臣宗萬印""家承賜書"印。存三十六冊。

青在堂畫學淺説

鹿柴氏曰論畫或尚繁非也或尚簡非也或
謂之易或謂之難非也或貴有法或
貴無法無法非也終於有法更非也惟先梁度李
嚴而後超落應手而生綺草韓幹之乘黃獨擅諸
之丹粉灑落之極歸於無法如顧長康諸
畫而來神明則有法可無法亦可惟先埋筆成塚
研鐵如泥十日一水五日一石而後嘉陵山水李
思訓屢月始成吳道元一夕斷手則曰難可曰易

126　芥子園畫傳五卷　　（清）王概增編　　清康熙刻彩色套印本
框高23厘米，寬15.1厘米。半葉九行，行二十字，白口，四周單邊。有"扶搖"等印。

127　御選唐詩三十二卷目録三卷　　（清）陳廷敬等編注　清康熙五十二年（1713）内府刻朱墨套印本

框高 18.9 厘米，寬 12.6 厘米。半葉七行，行十七字，小字雙行不等，白口，四周雙邊。

《國家珍貴古籍名録》編號：09488

128　古文淵鑒六十四卷　　（清）徐乾學等編注　清康熙內府刻四色套印本

　　框高 19.4 厘米，寬 14.5 厘米。半葉九行，行二十字，黑口，四周單邊。有"稽古右文之章""王秉信字執誠"等印。

　　《國家珍貴古籍名錄》編號：09461

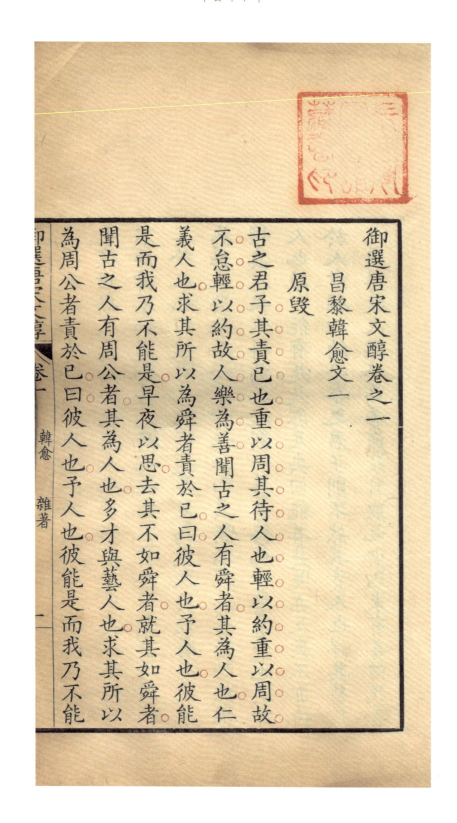

129　御選唐宋文醇五十八卷　（清）高宗弘曆選　清乾隆三年（1738）内府刻四色套印本

框高 19.6 厘米，寬 14.2 厘米。半葉九行，行二十二字，白口，四周單邊。有 "乾隆宸翰" "惟精惟一" 印。

彩繪本

長春市圖書館藏古籍善本圖録

130　御製丁觀鵬畫羅漢冊神品　（清）丁觀鵬畫　清乾隆彩色繪本
有"乾隆御覽之寶""乾隆鑑賞""三希堂精鑑璽"印。

抄本

長春市圖書館藏古籍善本圖録

131　大清文宗顯皇帝實錄三百五十六卷 （清）賈楨 （清）周祖培等纂修　清內府抄本

框高24.8厘米，寬17.4厘米。半葉十行，行二十四字，紅口，四周雙邊。存一卷（二百四十八）。

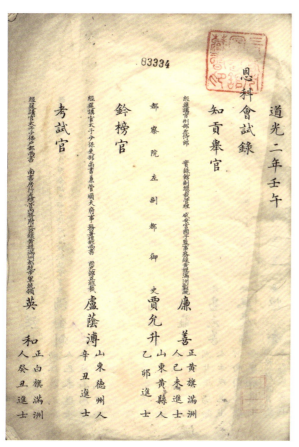

132　會試題名錄：道光二年壬午恩科　清道光抄本

半葉九行，行二十字。

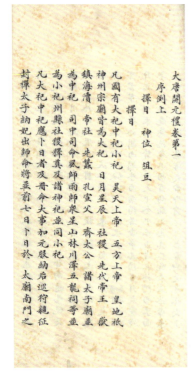

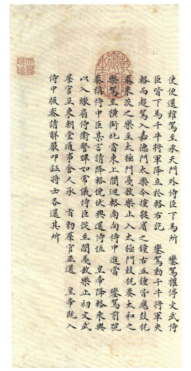

133　大唐開元禮一百五十卷　（唐）蕭嵩等撰　清初抄本

半葉十一行，行二十三字。有"天禄繼鑑""乾隆御覽之寶""天禄琳琅""五福五代
堂古稀天子寶""八徵耄念之寶""太上皇帝之寶"印。

《國家珍貴古籍名録》編號：04293

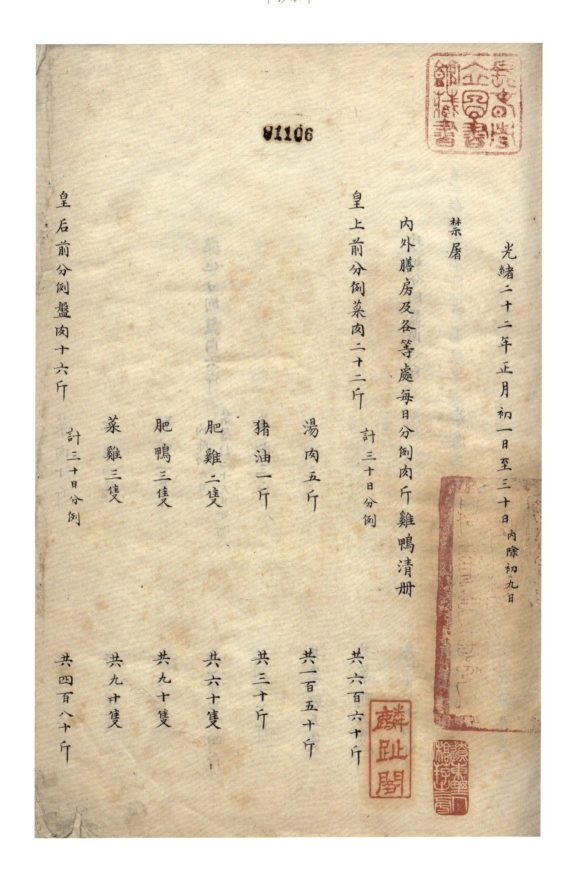

光緒二十二年正月初一日至三十日内除初九日

禁屠

内外膳房及各等處每日分例肉斤雞鴨清冊

皇上前分例菜肉二十二斤　計三十日分例

湯肉五斤　　　　　　共六百六十斤

猪油一斤　　　　　　共三十斤

肥雞二隻　　　　　　共六十隻

肥鴨三隻　　　　　　共九十隻

菜雞三隻　　　　　　共九十隻

皇后前分例盤肉十六斤　計三十日分例

共四百八十斤

134　膳房辦買肉斤雞鴨清冊　清光緒二十二年（1896）抄本

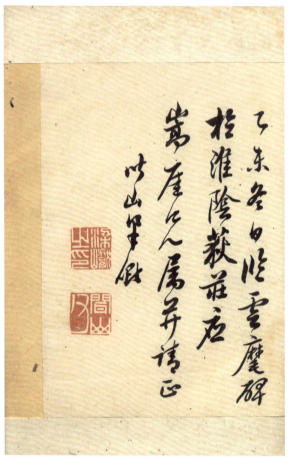

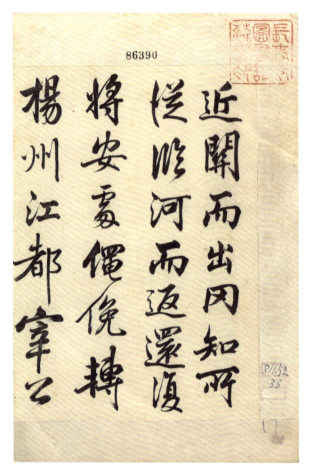

135　梁巘臨雲麾碑手蹟　（清）梁巘書　清乾隆四十年（1775）抄本

有"梁巘之印""聞山父"印。

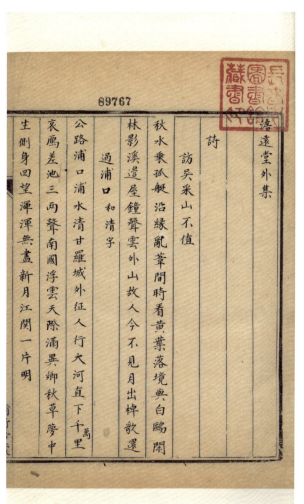

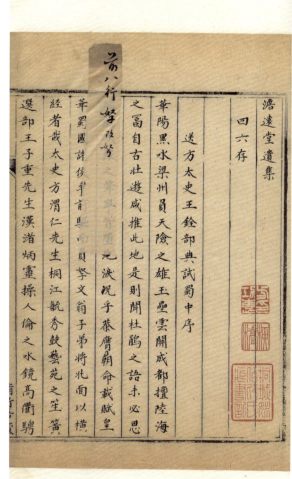

136　澹遠堂外集不分卷遺集不分卷　（清）查昇撰　清修竹吾廬抄本

框高 20.5 厘米，寬 16.5 厘米。半葉十行，行二十字，白口，四周雙邊。有"桐城姚伯昂氏藏書記""方功惠印""柳橋"印。

稿本

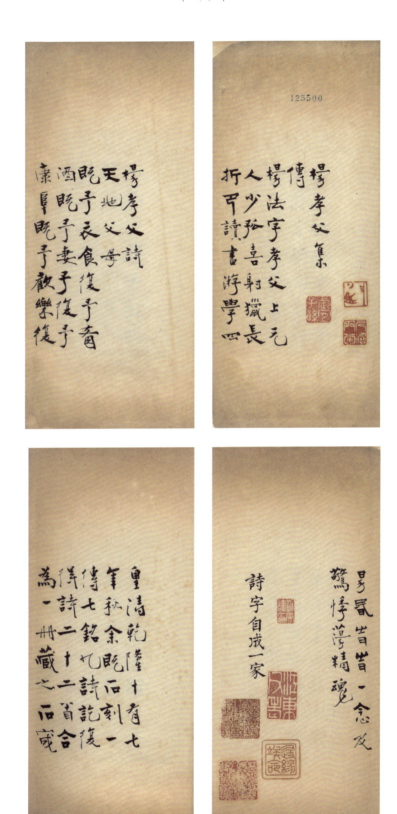

137　楊孝父詩一卷附楊孝父集傳　（清）楊法撰　清乾隆稿本

有“吳慰祖印”“江東父老”“孤雲館印”“人澹如菊”等印。

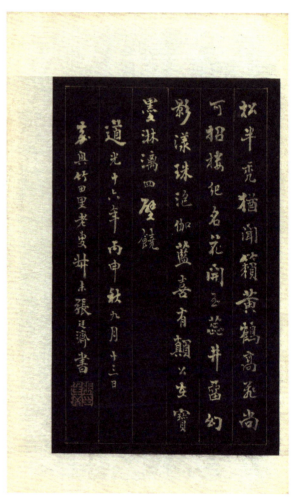

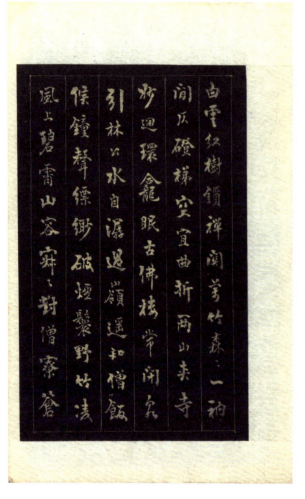

138　張廷濟詩稿　（清）張廷濟撰　清道光十六年（1836）泥金稿本

半葉六行，每行字數不等。有"張廷濟印""竹田里老人""叔木"印。

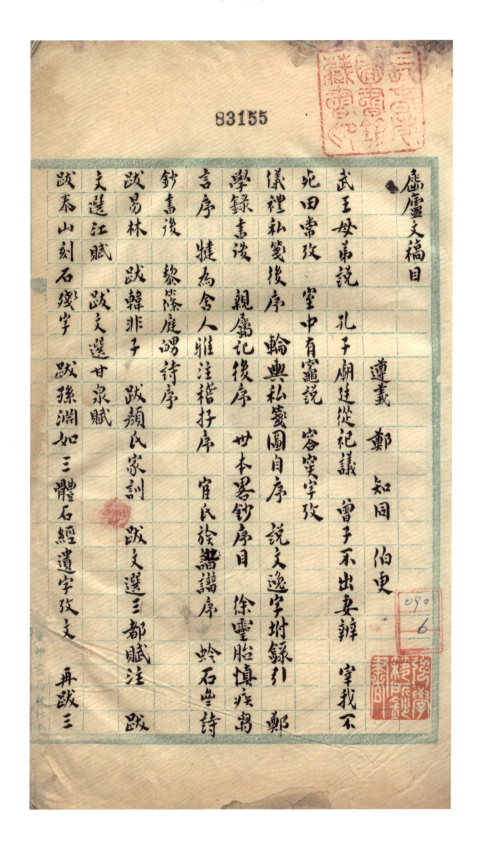

139 屈廬文稿 （清）鄭知同撰 清廣雅書局稿本

框高 21.5 厘米，寬 15.4 厘米。半葉十一行，行二十四字，綠口，四周單邊。有"強學籙所抄書"印。

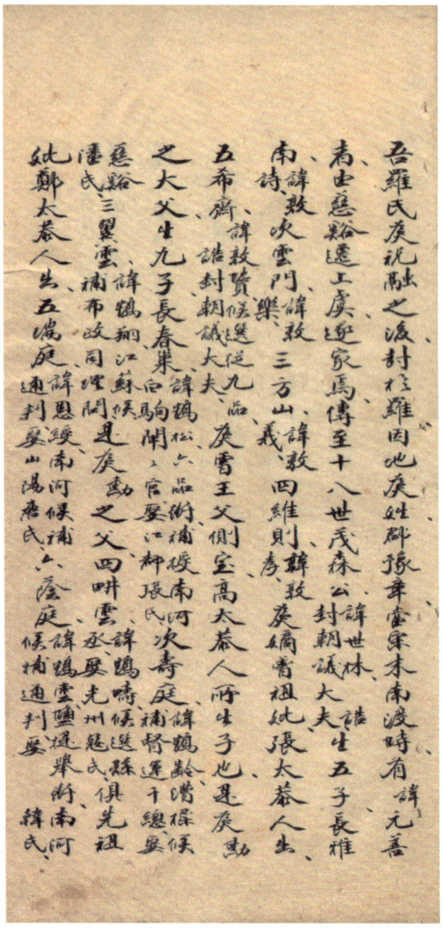

吾羅氏庚祝融之派，封於羅國地庚姓郡孫辛霍宋末南渡時有諱元善、壽由慈谿遷上虞遂家焉，傳至十八世戊森公諱世林，諱生五子長維南詩、諱敔吹雲門、諱敦四維則秀、三方山義則秀、庚謫青祖妣張太恭人出五希齊、諱敔賢候選九品、庚雪王文側室高太恭人兩生子也逸庚勳之大父生九子長春巢、諱鶴翔江蘇候補同知鵬閣人官婁江柳環江次壽庭補督選于總理、諱鶴齡滸漕候補、諱鶴雲鹽�ケ邨南河候選補通判婁山湯君氏、諱韓氏

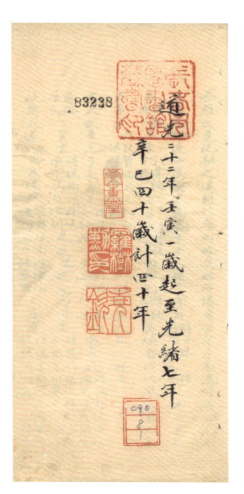

通光二十二年壬寅一歲起至光緒七年辛巳四十歲計四十年

光緒八年壬午四十一歲起至二十二年丙申五十五歲計十五年

140　居易居自訂年譜　（清）羅樹勳撰　稿本
半葉七行，行二十八字。有"崇素堂""羅樹勳印""堯欽"等印。

鈐印本

百二甲子

高都梁登庸惕菴氏學篆

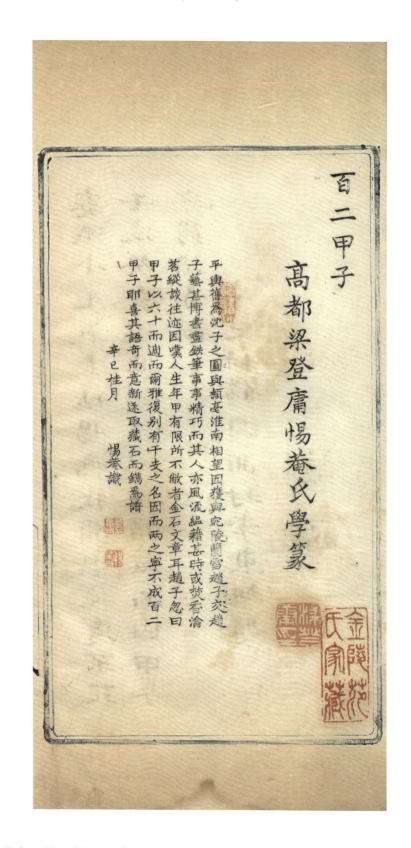

141 梁登庸印譜六種 （清）梁登庸篆刻并著　清乾隆刻暨鈐印本

框高 21.5 厘米，寬 12.5 厘米。四周雙邊。有"梁登庸印""金陵范氏家藏""姚氏伯印"等印。

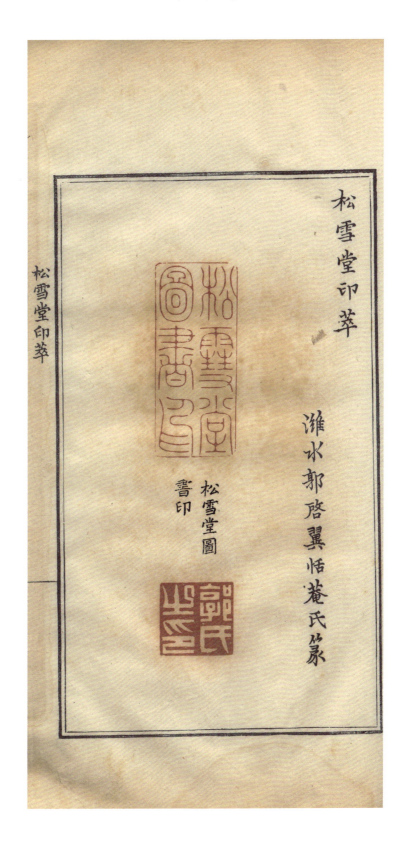

142　松雪堂印萃不分卷　（清）郭啓翼篆　清乾隆五十年（1785）鈐印本
框高 20.7 厘米，寬 12.2 厘米。白口，四周雙邊。

滿漢合璧本

作不善降之百殃

長春市圖書館藏古籍善本圖錄

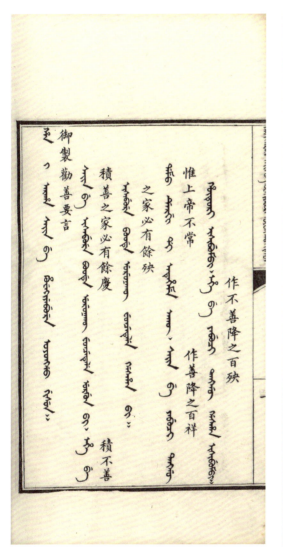

143　御製勸善要言　（清）世祖福臨撰　清順治十二年 (1655) 内府刻本
框高 25.6 厘米，寬 17 厘米。半葉十行，白口，四周雙邊。

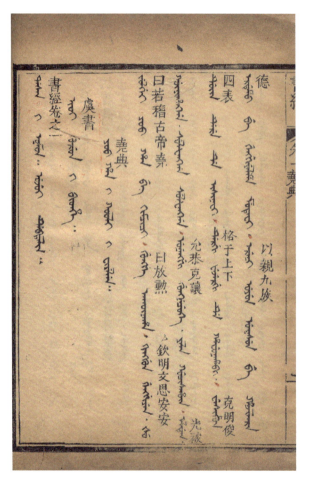

144　書經六卷　（清）高宗弘曆敕譯　清乾隆京都琉璃廠文盛堂刻本
框高 18.7 厘米，寬 14.1 厘米。半葉十四行，白口，四周雙邊。

碑帖拓片

長春市圖書館藏古籍善本圖錄

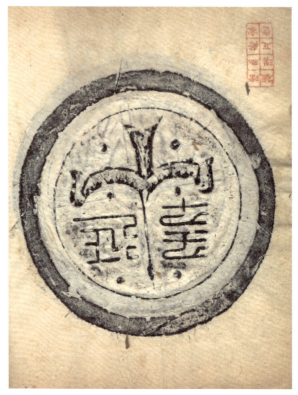

145　漢瓦當　清拓本

有"潘祖蔭家藏漢瓦當"印。

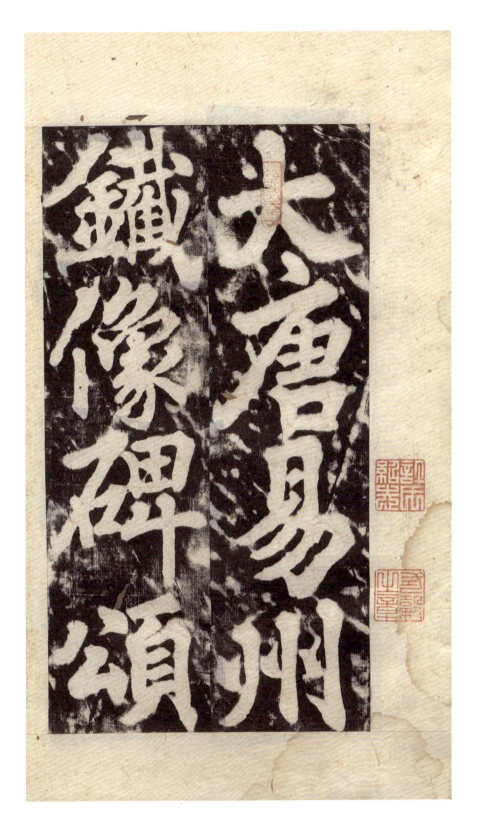

146　大唐易州鐵像碑頌　（唐）王端撰　（唐）蘇靈芝書　（唐）王希貞　（唐）解
崇光鐫　清拓本
　　有"許氏紹志""博泉"等印。

147　淳化閣帖十卷　（宋）王著摹勒　清拓本
存九卷（一至九）。

御刻三希堂石渠寶笈法帖第一冊

魏鍾繇書

臣繇言臣自遭遇先帝忝以驅策
師破賊關東時年老羸得三軍餉不
及夕先帝神略奇計委任得人深山窮谷無
復毛遺使強歛兵眾作倉卒守
時賣用讓淫一州閒內尋五綮趙興邸閒故事不虜
臺繇先帝濟封胏樓以割郡食眾任餉令
素為康史衣食不充臣懇惻聖德追像銀其遺無餘
其老用後淫一州得圖報勤直力意兩以俱俄風良
保卷人臣臣受圖家異恩石散軍同見事不言千犯
宣徽臣繇皇恐頓首雄率

148　御刻三希堂石渠寶笈法帖　（清）梁詩正等編　清拓本

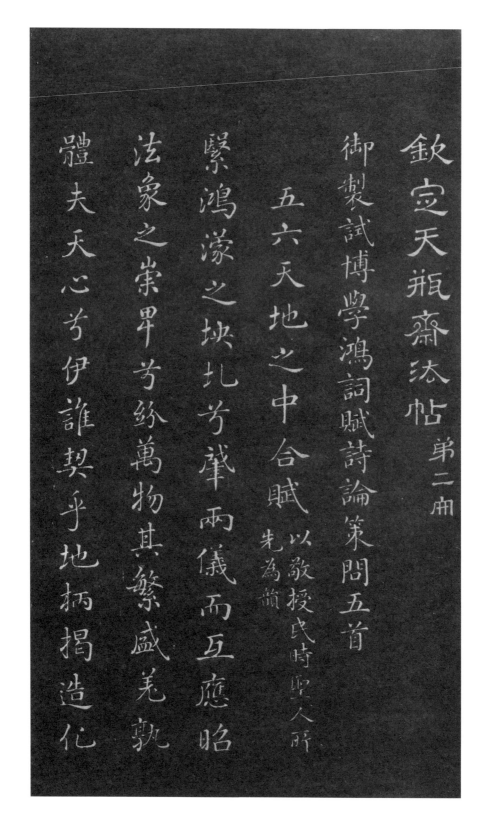

149　欽定天瓶齋法帖　　（清）張照臨　　（清）蔣溥　　（清）汪由敦等奉旨摹勒　　（清）

四格　　（清）焦國泰鐫　清乾隆烏金拓本

存八冊（一至八）。

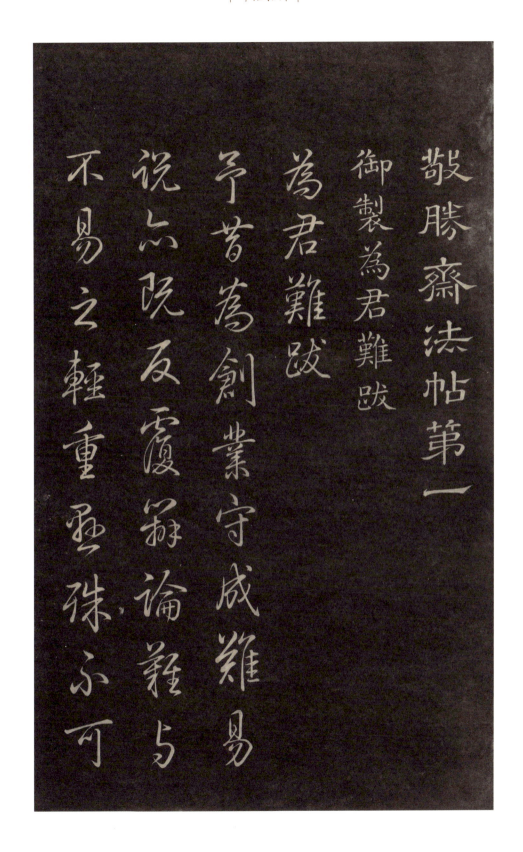

不易之輕重雲珠不可
說以既反覆錯論難寫
予昔為創業守成難易
為君難跋
御製為君難跋
敬勝齋法帖第一

150　敬勝齋法帖四十卷　（清）高宗弘曆書　清乾隆烏金拓本
存三十九卷（一至二十五、二十七至四十）。